Interviews with

Francis Bacon

Interviews with

Francis Bacon

David Sylvester

培根访谈录

〔英国〕大卫·西尔维斯特 著
陈美锦 译

译林出版社

目　录

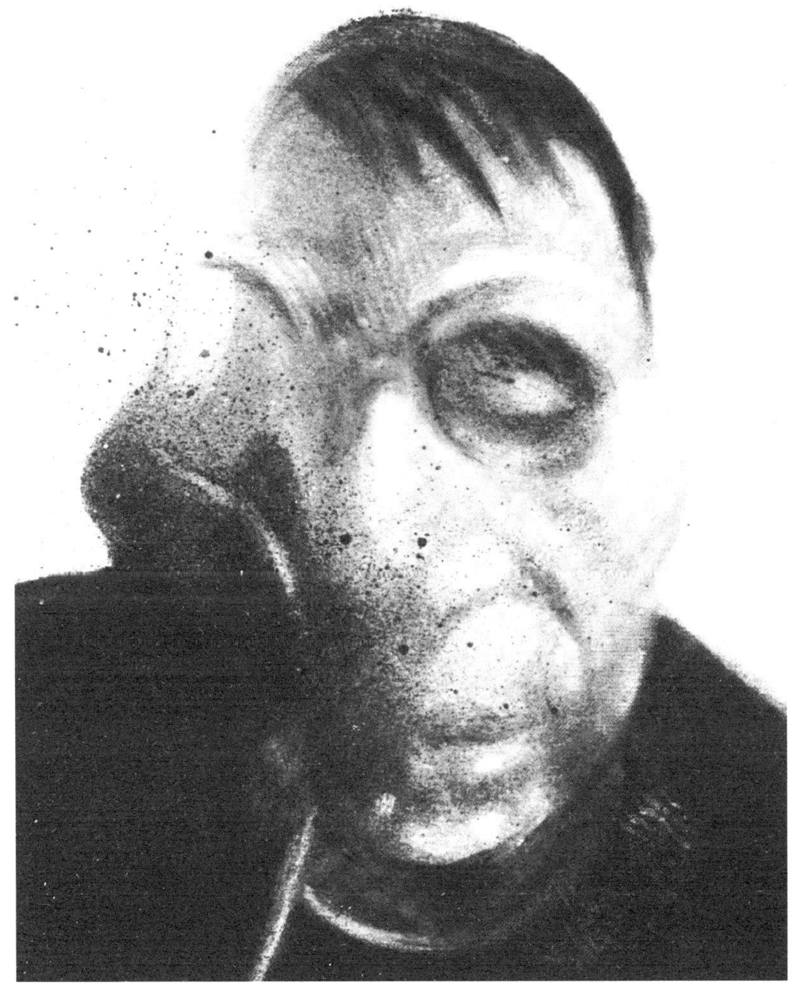

《自画像习作——三联画》之中央画面的细部，1985—1986年。

前言

众所周知，照相机能够起到诚实记录的作用，而录音机同样也不会说谎，它们两个在程度上并没有什么差别。录音机能够把每个错误的开始诚实地记录下来，它不会在意语法、思想的难堪与否，任何意图的交汇，每个脱口而出的问题或者答案，还有那些印象浅薄的扭曲事实，当然，还有那些偏离主题的谈话内容。但是没关系，这些都无关紧要，它们也说明不了什么，我们可以对污点与错乱进行编改。最重要的是，录音带与抄本的存在才是绝对权威性的。这些东西才是说一不二的。一些准确的字眼我们运用得或许不是特别准确。在做访谈的时候，我们要如何引导受访者，让他们把所有话说出来，而且这些话能代表他们的真实想法，刨除我们最接近真相的也就只有镜头了，录音机能不受诱惑地把字句真实地记录下来，而人却做不到，它不会去顾忌那些字句如何不准确。从一个访问者的角度来看，假如说他能够不依赖于机器协助，而且能够把受访者那些发自内心而非表面功夫的言辞忠实地记录下来，那么所有的问题也就迎刃而解了。

这些访问被我用录音带记录下来，也是出于对权威性的考虑，因为在处理培根言辞这方面，录音带显然是更具权威性的。有些句子为了让对话更清楚而进行了修饰，当然了，主要还是为了整理而不是去美化装饰，为此我得经常性地把一些词汇替换，这是为了避免重复使用，除了这些，其他全部都是遵从培根原话而做的。有时候，我也可以对原文做些小的修改，这样能够更加便于把培根的真实意图展现出来，但要把他的演说表情与节奏原汁原味地展现出来，那只有忠实于原文才可以，这样做的话意义可能更加深刻。

保留的原文在这里所占的比例不会超过全部材料的五分之一，这不是因为有长度方面的限制，而是出于选择的考虑。而且说来我们如此做的目的，是为了让培根的思想能够清楚而有效地表达出来，并不是想要把某种顺其自然的浓缩录音记录提供给人们，所以我们已经把谈话的次序彻底调整编排过了。除去第一篇以外，剩下的每一篇都是由两个以上的章节组成的，段落运用的是蒙太奇手法，有时候访谈内容是在两三个不同日期里完成的。为了把蒙太奇的感觉削弱，其中的许多问题都是被加以改造或者被直接臆造出来的。我们对话的主题被缝合得更加简单明了且一贯，但又不会为了一贯而把流畅性与对白的自然感觉给抛弃。

我们对于该把问题从何处插入进行了议会报告般的讨论，指出了笑声等应该出现的地方，最终结论就是若要这样做，就必须要把这个陈述的句式产生的原因加以合理的说明，无论它的形式是严肃、简洁、执拗、嘲讽、谨慎或者有耐性的，都必须要这样做。事实上我们真的应该在内容上多向现代剧的形式靠拢，向那些现代剧一样把一些舞台指令添加进去。

这本书的初版被命名为《弗朗西斯·培根访谈录》（*Interviews*

with Francis Bacon)，它印刷发行于一九七五年，里面包含了四篇访谈，这些访谈开始记录的时间是一九六二年，完成于一九七四年；第二版是在一九八〇年印刷发行的，其中又增加了三篇访谈，这三篇访谈是一九七五年开始记录、一九七九年完成记录的；第三个版本更名为《严酷的现实：弗朗西斯·培根访谈录》(*The Brutality of Fact：Interviews with Francis Bacon*)，它是在一九八七年印刷发行的，其中又增加了两篇访谈，这两篇访谈的记录时间是一九八二年开始、一九八六年完成。至此，培根认为我们不该再录制任何的对话，但可以从大量其他的材料当中节选出一些片段，以某种方式出版。而现在这位画家已经去世了，他去世后出版的版本所遵从的主要是第三版的原貌，所做的一些改动也只是针对标题和前言。这九篇访谈是根据四种不同的谈话材料而完成的，它们分别是：为广播或出版所做的录音，为了同样的目的但采用的是拍摄影片的记录方式，私人录音，还有一些是没被录制的谈话。每一篇访谈的出处或者是由哪些不同来源构成，都在书末的编辑笔记中进行了详细描述。

一九九二年十一月

访谈一

西 以前，你对于画抽象画有过强烈的向往吗？

培 起初有过，那时我正在画钉刑图的三个基座造型（图 1、2）。毕加索二十世纪二十年代的作品（图 3）对于这些基座造型的影响非常大。其中很多地方我想都会让人想起毕加索，那些有机造型从未被人研究过，它面目全非且又畸形，可又和人类形体相关联。

图 1 《为三件钉刑图台基人物所画的习作》，1944 年。三联画，在硬纸板上用油画颜料和粉彩画成。

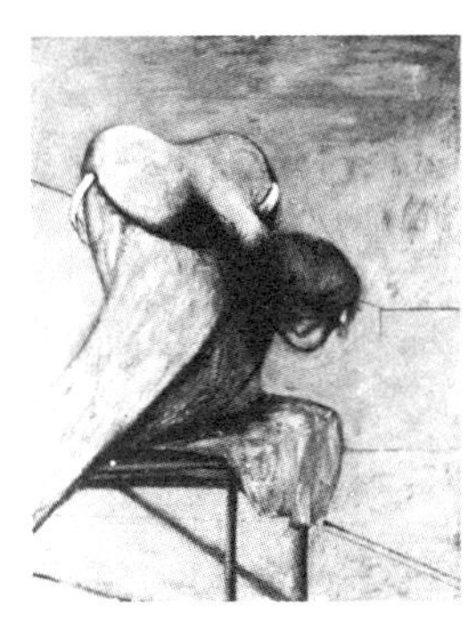
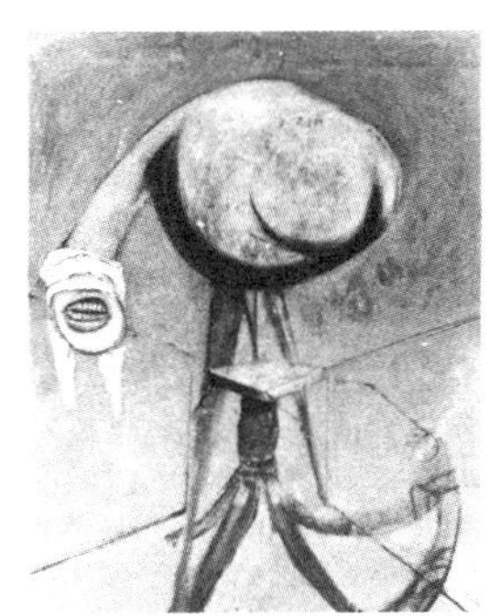
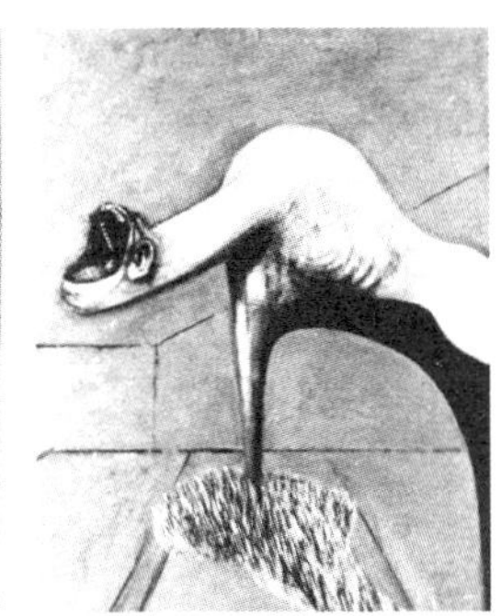

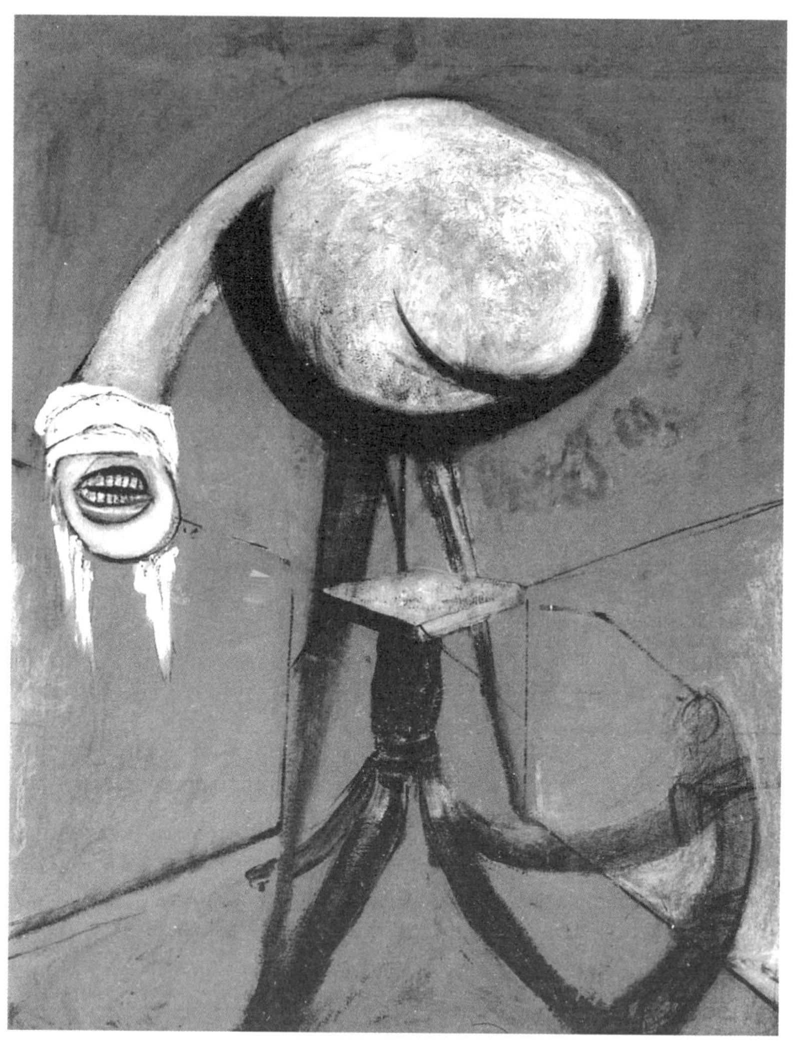

图 2　图 1 中间的画面。

西 在三联画之后，你开始偏爱绘制比较有形体的东西，原因是什么？是因为那时的你感觉无法让那种有机造型更好地发展呢，还是因为渴望绘制这类东西？

图 3 毕加索的炭笔画，1927 年。

培 哦，在我一九四六年所有的画中，有一张完全是意外，就是那幅看起来像肉铺的画（图 4）。我当时是想把一只鸟落地的场景描绘出来。可我画出的线条所暗示的东西完全不同，也许它与之前的三个造型存在某种联系，所以才会有了这个暗示，也有了这幅画。这种思考方式，与我一贯的方式并不相符，而我根本毫无如此作画的意愿。所以事情就像意外般接二连三地发生了。

西 鸟落地暗示着什么？雨伞？或者其他的东西？

培 对我来说，它暗示着开启了一个新的感觉领域。我一点点把这些东西画了出来。因此，我认为鸟并非暗示雨伞，而是对整个影像的暗示。这幅画我大概花了三四天时间就完成了。

西 变形在创作期间是否经常发生？

培 对，但就目前来说，我希望它来得更真实一些。我想画的物体，不是特定的。如果从图像的观点看，我想画的东西，是一些完全非理性的、非常特定的东西，比如肖像，且必须是人物肖像。而这些影像到底是如何被创作出来的？你不会知道，即使你去

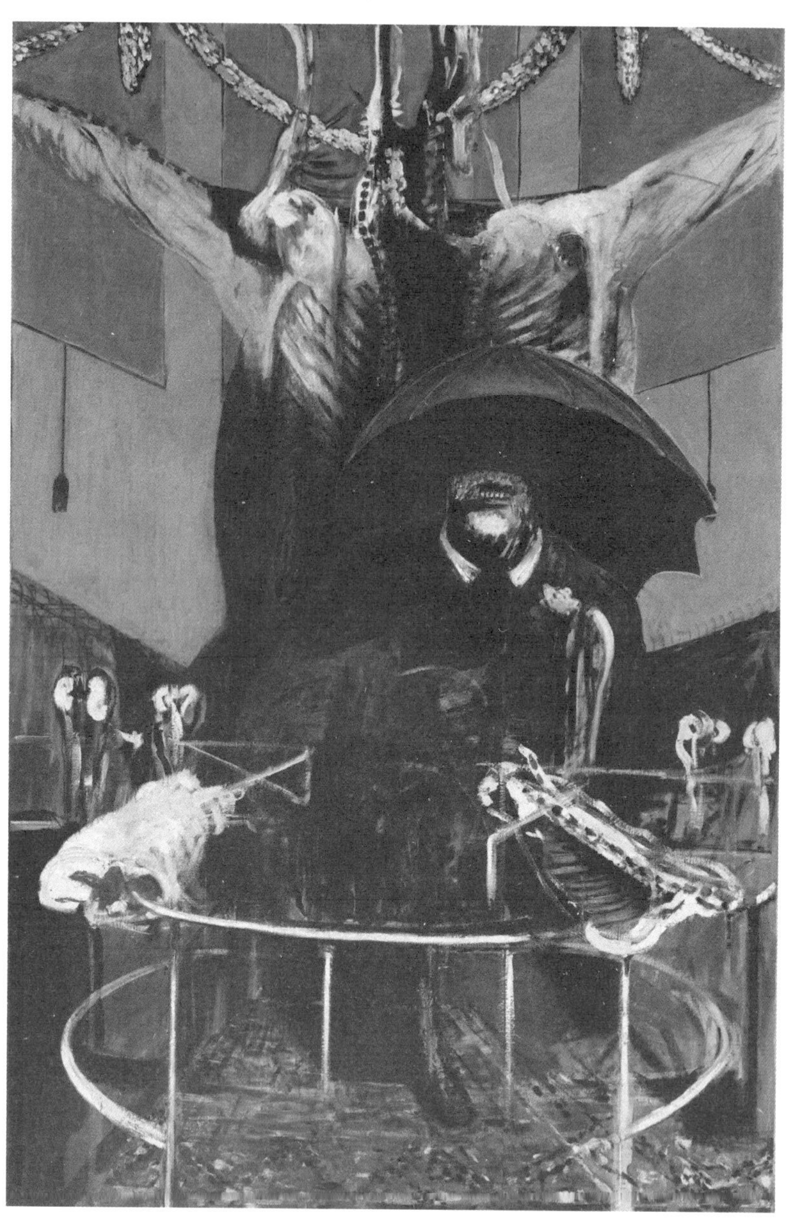

图 4　画作，1946 年。在帆布上用油画颜料和蛋彩画成。

研究这些肖像，也很难看出来。从某方面来说，它纯粹就是种意外，所以这件事确实让人很疲惫。

西　为什么说它是意外？

培　因为它形成的原因我也不知道。我举个例子，当我在画一个人的头像时，他的眼睛、鼻子，还有嘴的窝洞是如何形成的？如果你仔细观察会发现，这些窝洞的造型与眼睛、鼻子、嘴毫无关系，不过是因为颜料在不同轮廓上的描绘，所以才跟我描绘的人物有相似的地方。我停下来想了一下，这与我最初的意图很接近。次日，我尝试让它更突出、更相似、更好，但我没有把握住这个影像，彻底失去了它。这个影像就好似行走在抽象与具象间的钢索上。也许它会直奔抽象而去，也许与之背道而驰。那种尝试是更狂猛、更尖锐地把有形体的东西提升到神经系统之上。（图 5、6）

西　在你提及的早期作品里，强烈的色彩在画面上盈溢，背景也是强烈的红色或橘色；而这种大面积的狂暴色彩消失了大概十年的时间。

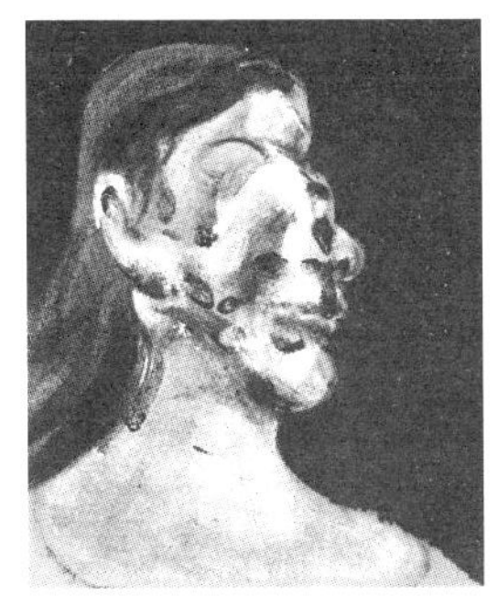
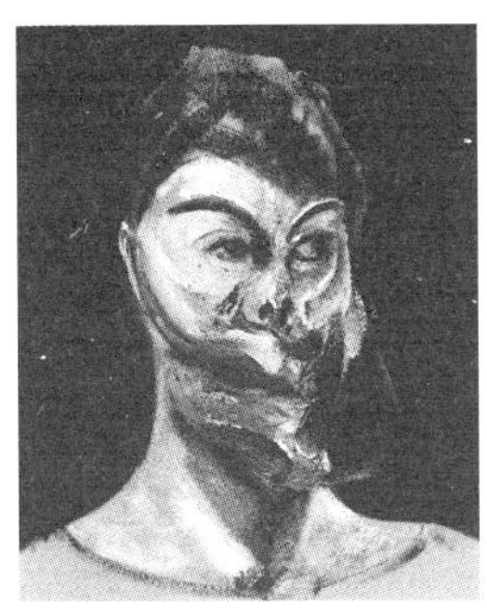
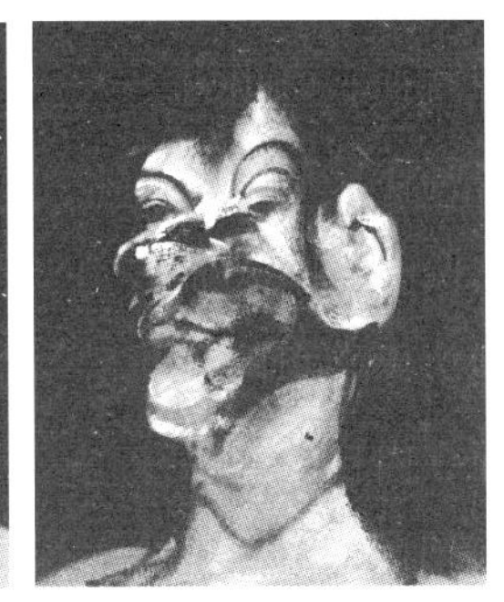

图 5　《三幅为亨利埃塔·莫莱伊斯肖像画的习作》，1963 年。小幅三联画。

培 我能想到的是，我觉得自己能在只用黑暗或者不用颜色的情况下，让影像更犀利。

西 你能想起再次使用强烈色彩的原因吗？

培 我觉得只是因为我厌烦了。

西 而且画面如果变暗了，那造型就会变得不真实，还很混乱。

图 6 《头像 I》，1961 年。

培 你不觉得造型更容易在黑暗中失去吗？

西 你的最新作品里，特别是新《钉刑》三联画（图 7）中的右边画面（图 8），又用了强烈的色彩做背景，恢复了那种准确、雕塑般的造型，跟早期的三联画非常相似。那么，你现在有没有把造型处理得更加清晰、准确的想法呢？

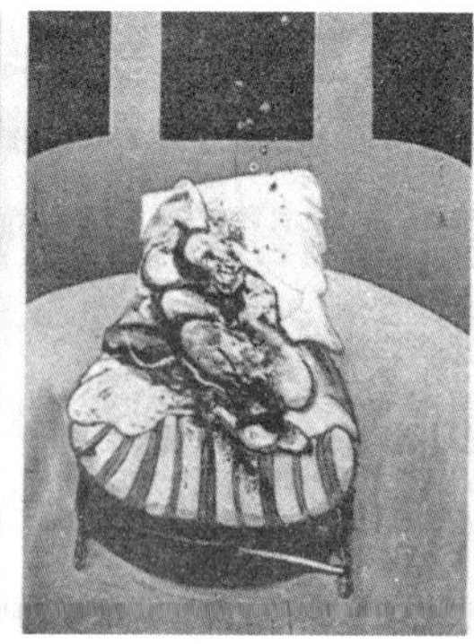
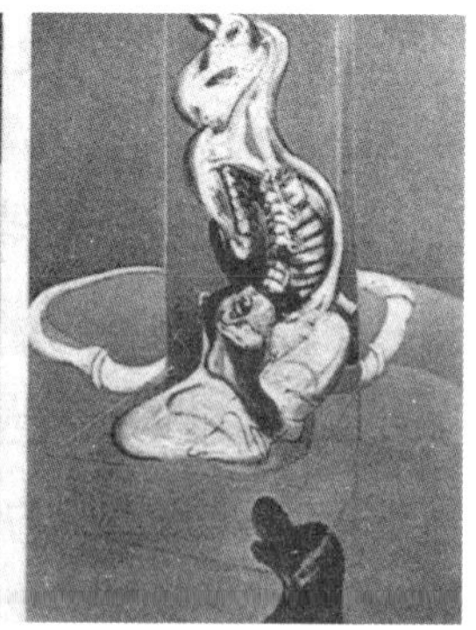

图 7 《三幅为钉刑所画的习作》，1962 年。三联画。

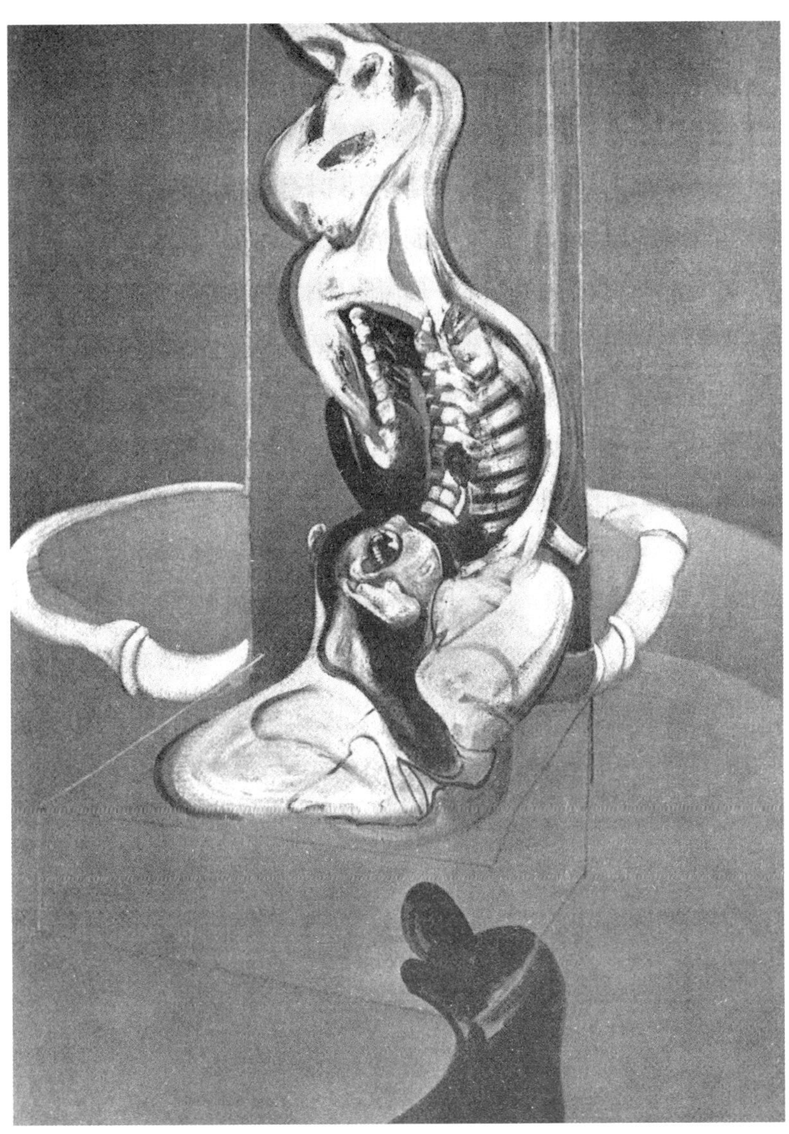

图 8　图 7 右边的画面。

培 当然有，越清晰，越准确，就越好。虽然，怎样让它变得清晰、准确，目前来说比较难办。我想，这个难题困扰着当今所有的画家，起码对那些专注于主题或具象物件的画家来说，它是个难题。他们只求更准确，但那种准确是不明确的。

西 你在画这张《钉刑》的时候，是分开创作的，还是三个画面同时进行？

培 分开创作，逐步进行，在快要画完的时候，我在房间里把这三张画同时并排横放。画了大约两周，那时，我情绪非常糟糕，而且还喝酒；我有时候甚至都不知道自己在做什么。那幅画是我在饮酒的情况下所完成的唯一作品。我感觉自己更加自由了，我猜是喝酒的原因。

西 你之后有过在相同情况下作画的经历吗？

培 再也没有过，但我觉得为了让自己自由一些，我已经尽了全力。我的意思是，除了药物与酒精，没有别的办法了，不是吗？

西 也许极端的疲惫可以？

培 极端的疲惫，也许能吧。

西 丢弃所有信念的信念？

培 对，这信念就是想让一个人绝对自由。“信念”最终你得叫它“颓丧”，所以这个字眼不正确。它源于只有我不做这些事情，才能做所有事情的情绪。而让人们看见事情发生的，恰好就是“所有事情”。

西 这张三联画的人物位置，在你作画的时候有过改变吗？是否在作画之前你就已经把它们定位好了？

培 我看到了它们的位置，但还在一直变换，没有确定下来。它们

图 9　契马布耶，《钉刑图》，1272—1274 年。在木板上用油画颜料画成。

被我看到了。右边画面里的人物，我想画他很久了。契马布耶你知道吧（图 9）？那幅画常被我想成一个影像——有座十字架，一条虫子正在蜿蜒而下。我确实尝试过在这种情绪下画些东西出来，所以，在我的画中能看到从十字架蜿蜒而下的影像。

西　所以，这是你常用的既存影像之一？

培　不错，我的很多影像都是它们孕育出来的。而你总想要不停地翻新它们。

西　它们变形很大。在作画之前，对于既存影像的变形你能预见到何种程度，能否概括地说一下？而绘画过程中的变形，又能发展到何种程度？

培　在我的例子中，你知道的，全部的创作都是偶然发生的，对于这点，随着年岁的增长我更加确信。我在脑中预见了一个画面，虽然预见了它，但基本上我不会按照预见的那样去完成它。它会在实际的绘画过程中发生变形。我用的刷笔很大，真相就是，在工作时颜料会怎么做我并不完全知道，它做的许多事情，比我要它做的更好。这属于意外吗？也许有人说不是，因为它是种选择的过程，而你选择保留了这意外的一部分。当然，你想要保留意外的活力，又想保存画面的连贯性。

西 颜料究竟怎么了？它是不是制造了某种暧昧？

培 还要加上暗示。一天，我正描绘某特定人物的头像，当时心情很颓丧，用的刷笔很大，外加大量的颜料。我非常自由地涂抹着颜料，最后，就真的忘我了，自己做什么都不知道；我突然发现，那正是我要记录的影像，事情就这么对了。这些绝非是有意识的，与图像式的绘画也毫无关系。这样的绘画从未经过分析，正因为如此，这样画出来的作品比图像式的绘画更犀利。因为它有绝对属于自己的生命。它径自活着，好似有人布下陷阱要捕捉的影像，所以能把影像的本质传达得更加犀利。艺术家只有如此才能敞开心胸，或者容许我称之为：打开感觉的阀门，以更加落拓的姿态恢复生命的旁观者的身份。

西 你说“事情就这么对了”，是否意味着它把你最初想要的给你了？还是它给你的正是你想要的？

培 我想任何人都无法得到这些。可是，有一种可能性，也许你通过这些意外所得到的比你真正想得到的东西要深刻得多。

西 你之前说你想过一个头像，可就在你打算更进一步时却失去了它。是这个原因让你常常毁画的吗？就是说，你毁画的倾向是在稍早的时候毁掉，还是等作品完成你想让它们再提高的时候毁掉？

培 我觉得，修正较好的或已经好到某种程度的画，比较容易被我毁掉。当我想要进一步的时候，通常这些画已经没有了质量，失去了所有东西。我较倾向于毁掉好画，我想我就是这个意思。

西 难道在你做过头时不能让它回头吗?

培 现在不行。现在的我是偶发性的工作方式，并且很依赖利用发生的意外。如果不是意外，就感觉不对劲。但我怎样才能把意外重新创造出来？这简直是一件不可能做到的事情。

西 可是，也许在同一张画布里，你能让意外第二次发生。

培 另一次意外或许可以有，但永远不会绝对相同。也许这样的事情只在油画上发生。油画只需一个色调或一点颜料，就可以把影像的含义完全改变，非常微妙。

西 你无法把全部失去的东西要回来，却能获得些别的。可你为何宁愿毁画而不继续创作？反而对重新创作另一画面如此钟情呢?

培 因为有些东西完全消失了，画面彻底凝滞了，上面的颜料太多了，从技巧上说，过多的颜料就无法继续作画。

西 因为颜料的特殊质感?

培 我在两种颜料之间工作，浓或淡。一部分颜料很浓稠，另一部分很稀薄。当画面凝滞，那与画图像式的绘画就没区别了。

西 原因是什么?

培 直接传达的画面与通过图像传达的画面（图 10、11)，二者的不同之处你能说明吗？这个问题很难用语言表达。一些颜料为什么能直接传达出来，而另一些颜料却在我们的脑子里兜着圈地讲故事，这些我们很难理解。

西 你以前有过画一张一直继续下去、哪怕颜料堆积很厚也要突破的作品的打算吗?

图 10 《梵高肖像的习作 Ⅱ》，1957 年。

图 11　梵高，《前往工作的画家》或《往塔拉斯孔之路》，1888 年。

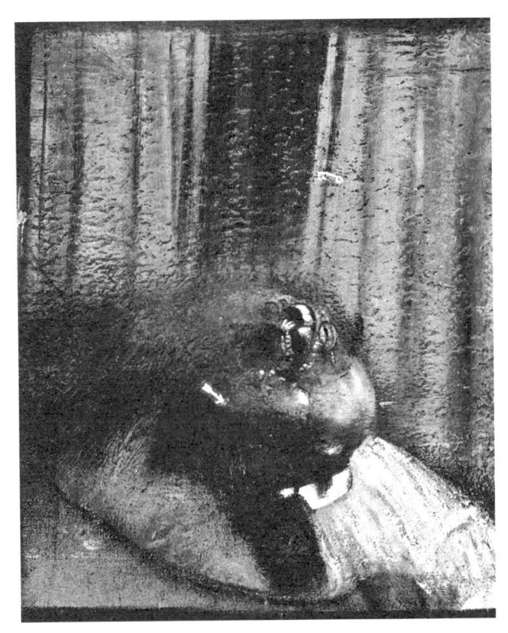

图 12 《头像Ⅱ》，1949 年。

培 有，我以前这样做过。那是早期的一张以布幕为背景的头像（图12）。那张画很小，但非常厚重。我用了四个月的时间，反复地画它。让我感到有趣的是，最后我觉得自己有了点进步。

西 但是，你并不会经常对一幅画投入这么多时间吧？

培 当然。不过现在我发现我能花更多的时间在一张画里。我希望的作画方式是，先有基本东西的最初自然形态，然后用近似而直接的方式，像画一张新画面般地作画。我最近的工作方式，正尝试着向这方面靠拢。我想，因为用这种直接的方式，可能性也多了起来，然后偶然的意外被意志力加以发挥。

西 把画作放在一边，过几个礼拜或数月后，你还能拿出来重新开始吗？

培　我不能。我身上好像有种催眠效果，让我总放不下——这是一件很糟糕的事——我总是很愿意试着画完，让它们尽快被取走。

西　我敢说，如果没人取走它们，你的工作室里任何东西都留不下来，因为你会继续画下去，直到毁了它们。

培　对，我也这样认为。

西　你有想在世人面前展示画作的任何积极的冲动吗？假如它们从来没有被公布过，你介意吗？

培　我不介意。当然，事实是，有一小撮人的评论对我是有帮助的。他们如果喜欢我的画，会让我很高兴。我真的并不在意其他的事情。

西　有些画你认为很好但又被你毁掉了，你会后悔吗？想要再看到它们吗？

培　有那么一两张吧。是的，对于极少数的几张我是很高兴再看到的。你知道的，假如它们真的有品质可言，肯定会在记忆里留下痕迹，但我无法再次捕捉到它们。

西　你曾经有过再把它们画下来的尝试吗？

培　不，没有。

西　你作画从不用速写或草图，你从不对画面进行预先演练？

培　我常常觉得应该这样做，但我没有。对于我的绘画方式来说，这种方法的作用很小。肌理、色调、颜料的移动方式的确都有意外的结果，导致事先画好的任何速写都只能成为骨架似的东西。

西　我觉得，这跟比例有关。对你来说，在大画面上画小比例的东西，毫无意义。

培　我想也有这种可能性。

西 你的画比例确实很一致。你画的所有东西简直都是同样的尺寸。你的小画都是头像，而大画普遍是全身像；大画中的头像与小画中的头像尺寸相同，而且小画中几乎没有全身像。

培 这是我死板的一面，是缺点。

西 而且你的画与实物的比例大小接近。所以，当你用大画面来画人物的时候，这让收藏家很不高兴。

培 对啊，不过，我的作品与目前的很多现代作品相比不算大。

西 你好像十年前就这样了，那时候所有人对你的要求都是：画得小一点。

培 现在不会了。因为那个时候的画，在现在看来已经很小了。

西 当然，你画的很多作品都是成系列的。

培 对，一部分原因是我看任何影像总用移动的方式与几乎变动的次序，所以才多少能把所谓的普通形体画得比较有深度吧。

西 你在创作系列画的时候，是同时画好几张还是有次序地画？

培 我是有次序地画，一张接着一张。前一张孕育下一张。

西 对于你来说，完成作品后，这个系列还是一个整体吗？也就是，你是否喜欢这些作品被收集在一起，或是如果它们分散了你也不在意？

培 理想情况下我希望的是，把房间画满以系列手法处理而主题不同的作品。看见满房间的画作，它们被收集在一起，如同幻灯片一样。看着这些画我能整天做白日梦。我把它们画出来的样子，我不知道它们是否依据我脑中的形象，因为它们都是会消退的。当然，很奇怪的是，人们总希望对一幅画竭尽全力，希望画出的作品能消灭其他作品。而事实上，系列作品的每张画都一直在反映另一张，所以，有时相比起个别呈现，还是一系列的方式呈现较好。而一个影像等于其他影像的总和，这种画我从未创作过，这点是不幸的。于是为了能诉说更多的东西，只能有次序地排列影像。

西 在你的作品里，无论是人物还是头像，都是独自出现的，但你却让几个人物出现在了新《钉刑》三联画中。你经常这样做吗？

培 那幅画，我发现仅画一个人不够。当然了，我对画出一个完美的影像，非常着迷。

西 但那必须是单纯的人物吗？

培 此时的绘画正处在一个错综复杂的阶段，当数个形体出现在画面中，或者说只要同一张画布上出现了几个人物，那一刻已经开始讲故事了。而乏味伴随着故事的详述而来；画本身通常没有讲故事的声音大，因为我们的确一次次地处于一个状态中，这是极端原始的状态，影像间的故事述说行为我们无法抵消。

西 人们真的想要在《钉刑》三联画中找到故事。你对实际的人物关系，有什么要说明的吗？

培 没有。

西 所以这跟你在空间—框架里画的头像或人物没什么不一样（图13、14、15），你也许看作是某人被囚禁在玻璃箱子中吧？

培 我是利用框架来看影像的，对此没有任何理由。我知道它看起来与一些东西很像，所以被人误解了。

西 同艾希曼在他的玻璃箱子中类似，你的画被人们说成是对这幕影像的预言。

培 为了能缩减画布的尺寸，我把影像汇集在长方形里，而这些仅

图 13 《教皇Ⅰ》，1951 年。

图 14 《教皇Ⅱ》，1951 年。

图 15 《教皇Ⅲ》，1951 年。

图 16 《肖像习作》，1949 年。

仅是为了能更好地观察影像。

西 框架从没有过任何图像式的计划吧？甚至一九四九年你创作的那幅有麦克风的头像（图 16）也没有吧？

培 绝对没有。那仅仅是让他的脸部以及麦克风等东西能看得更清楚。这种解决方法，并不能令我特别满意；我尽量试着少用它，可它有时候又是必要的。

西 出现在三联画里的纵切割与画面里的框架是起到相同作用的吗？

培 对，这些纵切割将彼此分割开来。画面间故事的关联性被它们切断了。它们能避免人物画在三个不同画面时“讲故事”的行为。固然每个画家都渴望同时在一张画布上画几个人物，而且许多伟大的作品也都是这样构成的。但处于事情非常混乱的现在，人物间已有故事散布，甚至把绘画本身所传递的各种可能性给抵消了。这个课题真的非常困难。但这个难题总有一天会被人克服，从而能在一张画布上同时放下几个人物。

西 或许你不讲故事，但你在选择钉刑图这样的主题时，好像还要主题充满戏剧化。可否告诉我们促使你画三联画的动机是什么？

培 屠宰场与血肉的画面总是能撼动我，对我来说，它们与那些钉刑类的事情无异。以前有张很好的照片，拍摄的是动物被屠杀之前的情景，死亡的气息弥漫其中。我们当然感觉不到，但照片上显示那些动物疯狂地逃跑，似乎对将要降临在它们身上的事情有所警觉。我认为这些画面与此类事情大都相似，这件事对我来说与钉刑十分相似。我明白，钉刑对于那些有信仰的人或基督教徒来说，意义是天差地别的。但对一个无宗教信仰的人来说，它仅仅是人类施于某人身上的一种行为。

西 但有关宗教画，你确实是画了，你在钉刑的主题外还画了教皇（图 17—21）。你总是画触及宗教的画，自己知道原因吗？

培 画教皇与宗教毫无关系，是因为我痴迷于《教皇英诺森十世》（图 22）才有的它。

西 选择教皇是为什么？

培 因为我为它着迷，我觉得有史以来最好的画像其中就有它。有这张画的书刊，我买了不计其数，我与它之间有着说不清的关系，甚至可以说，我各种情感及想象的新领域都是被它打开的。

西 莫非委拉斯贵兹没有更好的画像能把你吸引住？你能肯定对你来说教皇不代表任何特殊含义吗？

培 我认为是它的华丽色彩。

西 但你也画了两三幅现代教皇庇护十二世的画像，而且是根据照片画的，看起来你对教皇本身的兴趣大于委拉斯贵兹，因为它本身就是英雄形象吧！

培 是因为那些游行的照片看起来很壮观，在里面他被抬着围绕圣彼得教堂游行。教皇当然是唯一的。他作为教皇，所处位置十分独特。所以与某些伟大的悲剧相同，他被放在台子上高抬着，便于把崇高的形象展现在世人面前。

西 耶稣的形象同样也很独特，是否因为“独特”的概念与悲剧英雄的特别处境呢？悲剧英雄是超越常人的开端。

培 这种想法我从未有过，你提醒了我，我觉得有这种可能。

西 因为除了这个没有其他理由让你触及宗教。仅有钉刑和教皇。

培 你说的这些，也许是真的。因为他们被迫处于独特境况中。

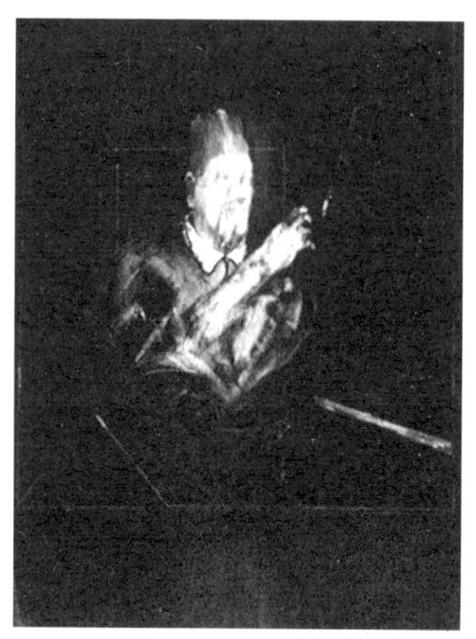

图 17 《教皇》，1954 年。

图 18 《红衣主教的习作》(根据《英诺森十世》所画的习作)，1962 年。

图 19 《为头像所画的习作》，1955 年。

图 20 《以委拉斯贵兹〈教皇英诺森十世〉为根据所画的习作》，1953 年。

图 21 《据委拉斯贵兹的作品所画的练习画》，1950 年。

图 22 委拉斯贵兹，《教皇英诺森十世》，1650 年。

西 是不是独特与悲剧状况中蕴藏的某种感情才是你最想要的东西呢？

培 不是。我想要的东西，随着年纪的增长更明确。影像的记录才是我要的，它自然会有情感产生，因为你做出的影像必须要把它的情感包含在里面。

西 这些影像记录是你生命中所见到的吗？

培 是。人物、事物都可以，而我大都选择人物。

西 人物是特定的某个吗？

培 对。

西 你以前不会这样吗？

培 我过去不会这样，如今却越来越喜欢这么做了，因为我觉得，若想要对你所渴求的明确影像进行非理性重塑，且要不落俗套，只有按这个方式来。它最吸引人的地方就是：我用最不理性的方法做，它能相似到什么程度？这样你就不仅仅是影像重塑，也是把自身理解的各种感觉重塑了（图 23、24）。你想要把感觉的层次尽量全部打开。不能用纯粹的图像或具象的手法达成，这个说法错了，因为有人做到过。那个人就是委拉斯贵兹。委拉斯贵兹与伦勃朗非常不同，令人奇怪的是，你在看伦勃朗晚期的画像时，能发现整个脸部轮廓都在一直改变。尽管它依然被我们称为伦勃朗的长相，面孔却是全然不同，所以，你会在感觉的不同区域里来回游走。而我相信委拉斯贵兹在此点上，会控制得更好，也自然更神奇。委拉斯贵兹所做的这件事，就像在悬崖的边缘游走一般，是非比寻常的，它们和所谓的“图像”能够保持在这样近的距离，同时又把人类所能感觉到的最深层、最伟大的东西打开。因此，他成了神奇的画家。因为委拉斯贵兹的画被我们认为是对当时宫廷的记录，所以当我们观看的时候，也许就看到了无限接近的事物表象。在他之后，事物变得扭曲，可我始终相信，我们最后会回到用很随意的方式来做相似的事情，比如明确地记录影像，同委拉斯贵兹一样。委拉斯贵兹之后自然也有许多事情发生，各种各样的原因导致情况更加错综复杂。而摄影则是让具象绘画完全改变的原因之一。

西 好处和坏处都有？

培 我想好处很大。我认为委拉斯贵兹也相信自己是在对那时的宫廷或者某些人物记录；一个出色的艺术家，现如今被迫在同一情

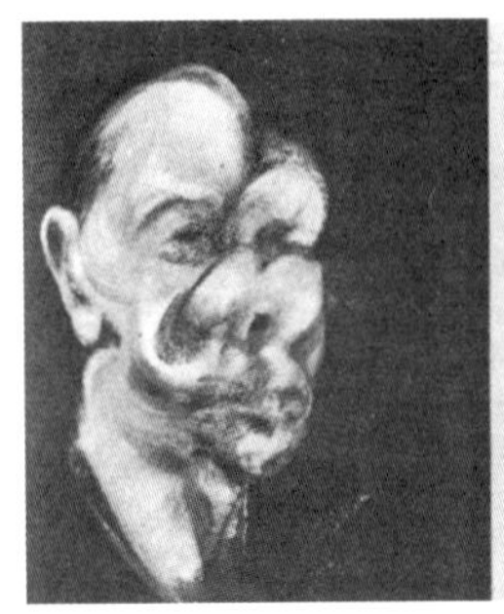

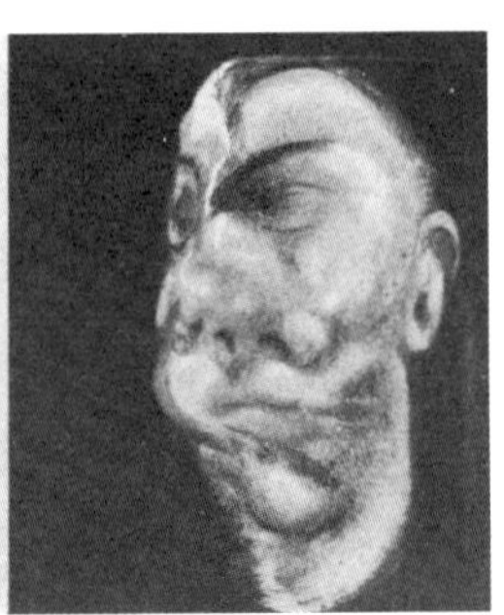

图 23 《三头像的习作》，1962 年。小型三联画。

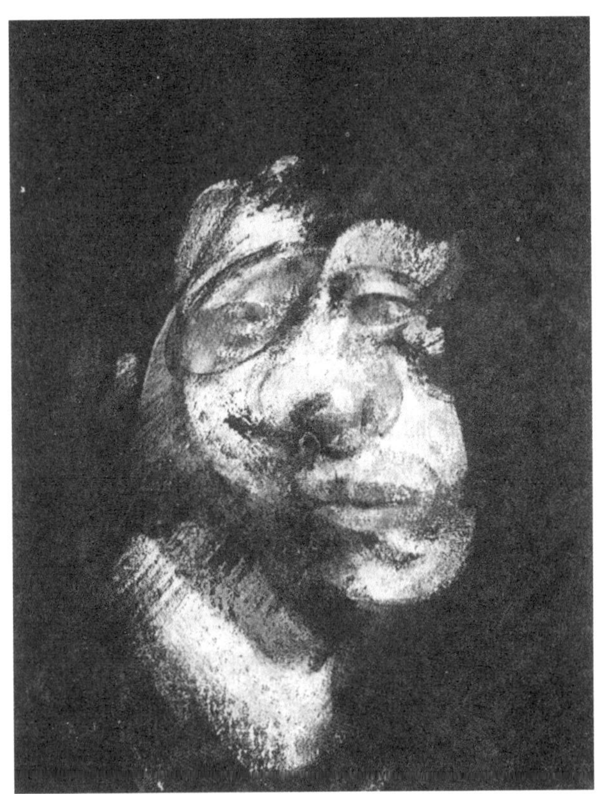

图 24　图 23 中间的画面。

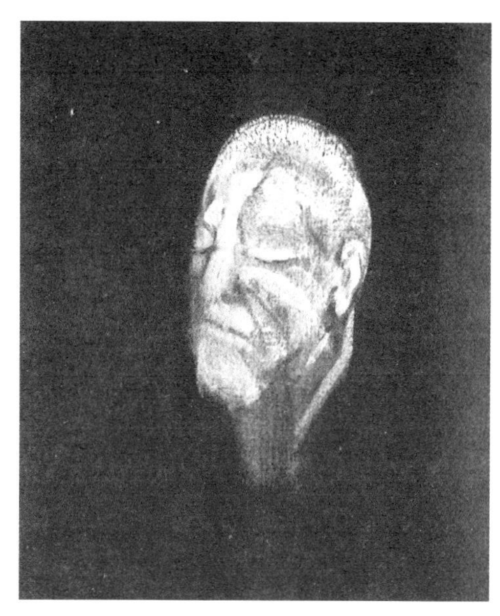

图 25 《肖像Ⅲ习作》(根据威廉·布莱克的《面具》所画习作)。

况下玩游戏。影片也可以做记录的工作，这点他知道，所以别的东西就把他这方面的活动取而代之，怎样通过影像打开知觉正是他了解的。我觉得现代人因为了解自己是意外产物，是完全没有价值的个体，所以他们一定会毫无理由地玩游戏。我认为，委拉斯贵兹与伦勃朗作画时，甚至都被某种形式的宗教可能性隐隐地支配着，无论他们有怎样的生活态度；而对于现代人来说，可以说是完全把这种情况排除了。固然，人们现在为了达到自我欺骗的目的，会尝试着去做些积极的事情，他们从医生那里购买某种永恒，借此将死亡推迟。看看现在的艺术，他们都成了彻头彻尾的游戏。我认为事情就是这样，而吸引人的是，事情对于艺术家来说越发困难了，原因是他们必须真实地深入到游戏中去，才能获得想要的成就。

访谈二

西 可以说一下照片如此吸引你的原因吗？

培 我觉得照片与影片随时都能影响人对外观的感受。所以，一个人在看某件东西的时候，是在观看这件东西的照片或影片的影像，而不是对这件东西直接观看。我发现在百分之九十九的时间里，照片比抽象画或具象画更能引起我的兴趣。它经常能吸引我。

西 照片特别让你感兴趣的地方在哪儿？它的直接性？还是上面的形体？或者它们的肌理？

培 我觉得大概主要是它与真实十分接近吧！它们给我的感受更加真实。我发现，照片是个媒介，我的思维通过它能在影像里自由奔走，这比直接观察所感受到的东西要真实得多。照片常是意念的先导，而不仅仅是参考的物件。

西 我想你应该是一直在用迈布里奇的照片吧？

培 是的，从某种角度看那是一部字典，它尝试记录着人类的动作。迈布里奇的摄影书籍也许就是我画系列作品的根源，里面的照片展现着各类动作（图 26、27）。另外，《X 光中的定位拍照》

图 26　迈布里奇，选自《人体动作》一书的连续照片，1887 年。

图 27　迈布里奇，选自《人体动作》一书中的照片。

这本书对我的影响极大，那里全部是照片和 X 光片等，而照片都是人体在照 X 光时的姿势（图 28、29）。

西　这种影响的作用好像不够直接，比如，你在作画的时候，看的照片常是与主题不同的吧？

培　你这句话按我理解的意思是，你在为我摆姿势的时候，而我看的照片却是野生动物。

西　对，我对这点总是理解得不太清楚。

培　两个影像间是可以有密切联系的。有段时间，我认为肌理应该是很厚重的，比如，犀牛皮的肌理有助于我对人类皮肤肌理的思考。

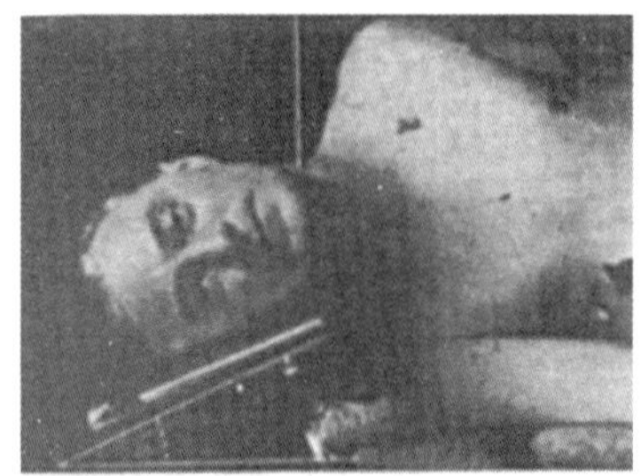
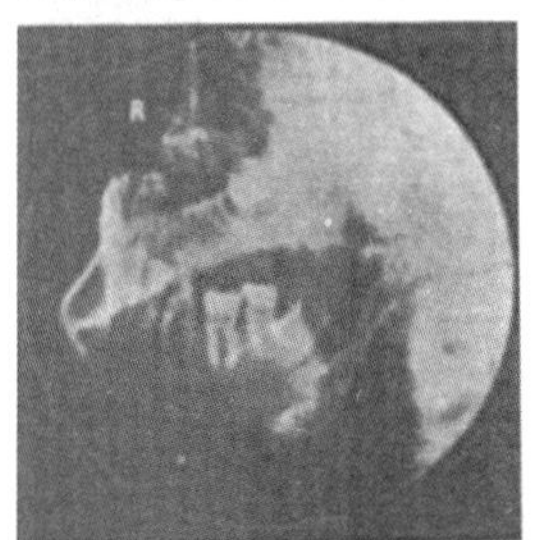
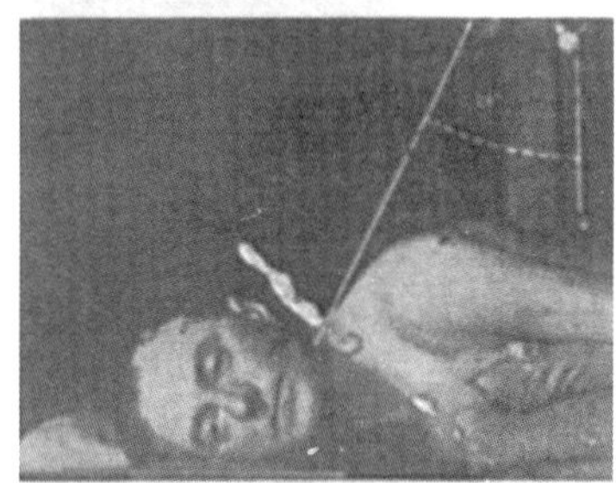
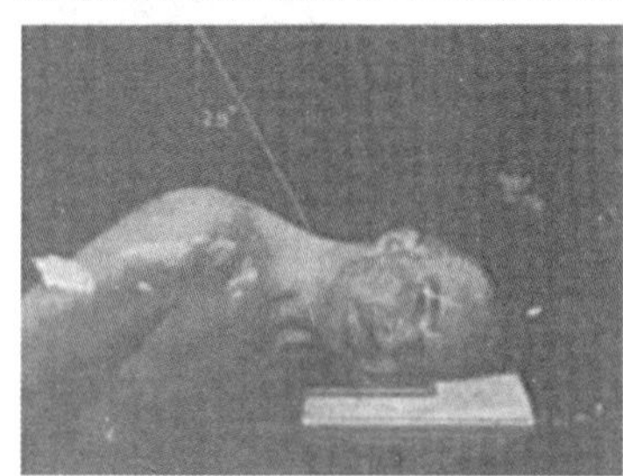
图 28 《X 光中的定位拍照》，由克拉克拍摄的一系列照片，1939 年。

西 是的，你曾经忠实地还原过这些照片，用在你的动物和风景画中。但令人感兴趣的是，你通常不用科学或报道性质的影像，而是用著名的电影《战舰波将金号》中护士呐喊的定格照片（图 31）。

培 我在看到那段影片的时候，还没有开始从事绘画，但是，它让我记忆犹新。有一段时间，我想要在某天能画出最好的人类呐喊，这不含有任何特殊的心理学因素。但我做不到，而爱森斯坦就做得很好。我认为在画呐喊的人中，普桑是最好的。

西 是他在《大屠杀》中画的呐喊吗（图 32）？

培 没错，那幅画在尚蒂伊。我曾经为学法文寄住在一个家庭大约三个月的时间，那里距离尚蒂伊很近，所以常去看那幅画，它留给我的印象实在太深了，所以我始终记

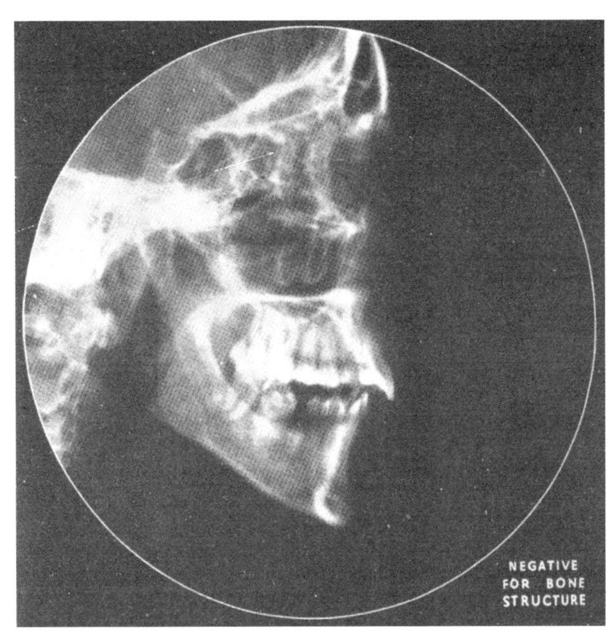

图 29 《X 光中的定位拍照》里的照片。

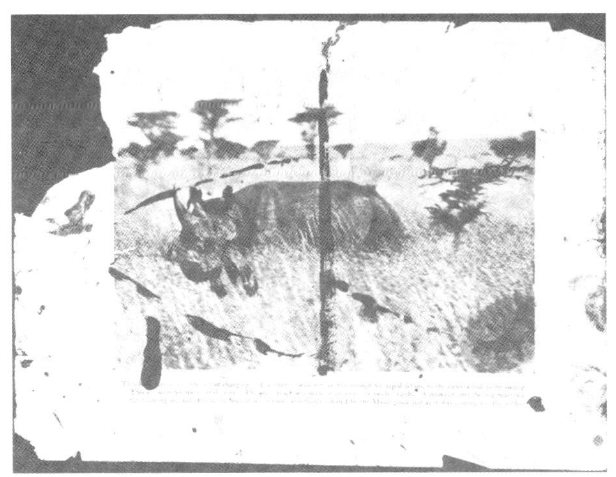

图 30 马克斯维尔，选自《用相机在赤道非洲所进行的追踪大戏》中的照片，1924 年。

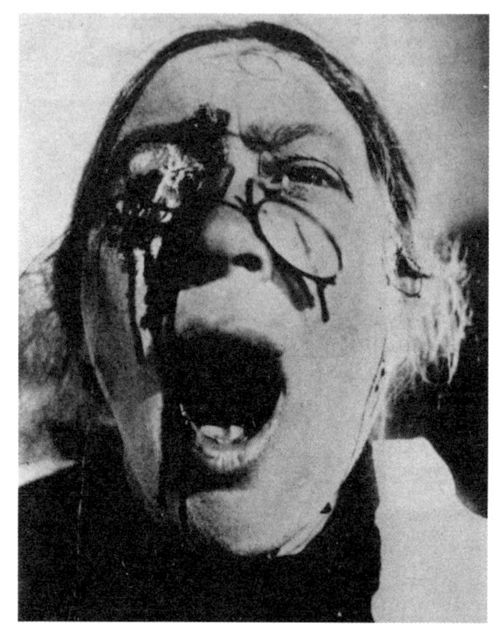

图 31　爱森斯坦,《战舰波将金号》中的定格照片,1925 年。

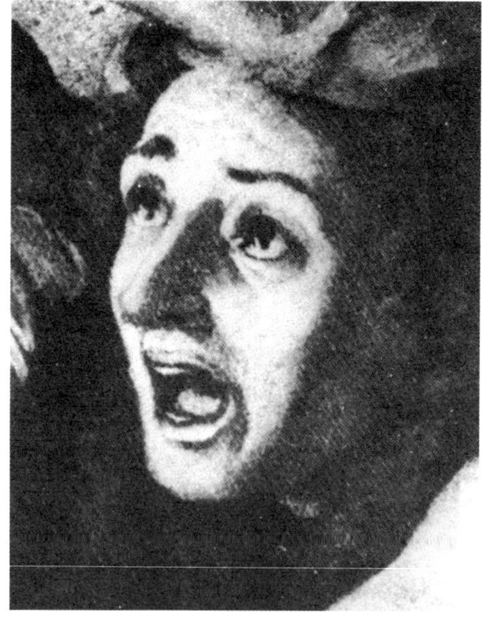

图 32　普桑,《大屠杀》细部,1630—1631 年。

得。还有另一个东西能让我想到人类呐喊，就是我年轻的时候在巴黎买的一本书，它是二手的，是关于口腔疾病的手绘画面，有嘴张开与检查口腔内部的图片，很漂亮。我被这些图片诱惑了，被它们彻底吸引住了。后来看了《战舰波将金号》，或许我那时早已知道了，我试着把《战舰波将金号》的定格照片当基础，把口腔的那些插画加上，可是并没有获得什么好的成果。

西 你一直保持着用爱森斯坦的影像当基础的习惯，而这样的态度，还被你用在委拉斯贵兹的《教皇英诺森十世》身上，并且都是用照片与复制品当作媒介。当然，还有其他古老名画的复制品。绘画照片与现实照片，二者在使用上的差别很大吗？

培 对，绘画照片用起来更轻松一些，因为通常有问题的话，别人也会给解决掉的。当然了，你自己提出的问题是另一码事。我认为靠其他绘画所画的作品并没有成功的案例。

西 那么多以委拉斯贵兹的《教皇英诺森十世》为根据所画的版本（图33），也没有一个吗？

培 我始终认为，这幅画是世界上最好的作品之一，因为它非常非常能吸引我，所以我用它。我意图去记录它，但结果是一败涂地，那是一份扭曲的记录。那些画让我感到很后悔，它们真的很愚蠢。

西 你后悔？

培 对，但你对它已经不能做什么了，因为那已经是完整的东西了。

西 你现在不再画它了吗？

培 是的。

图 33 《〈教皇英诺森十世〉肖像的习作》，1965 年。

西 你工作室里散落的那些你的作品的照片，你作画的时候，会看吗?

培 经常看。比如，我曾想用一个画的影像，那大概是我一九五二年的作品影像（图 78)。我试着把它像镜子般地复制，所以人物蜷曲在自己的影像前。那幅画没完成，但我发现常使用自己作品的照片作画，这些照片常常对我有暗示作用。

西 我有个疑问，是否因为照片让你非常喜欢，所以复制品才会也这样吸引你? 我想说的是，我总是疑惑，我认为，委拉斯贵兹或者伦勃朗的复制品对你的启发比真品要大。

培 比起国家画廊，自己房间内用复制品简直是轻松太多了，可为了看那些画，我也经常去国家画廊，我想看颜色。假如我有满屋子的伦勃朗，我是不会去国家画廊的。

西 你想要很多伦勃朗的画来挂满这个屋子吗?

培 特别想。伦勃朗的画是我极少想要拥有的画作之一。

西 你好不容易去了趟罗马，但是，我记得你在停留的那几个月中，并没有去看过《教皇英诺森十世》。

培 没去看。那时的我，情绪确实很糟糕。我在圣彼得大教堂游荡了很长时间，但我本身其实对教堂很厌恶。但是我想最主要的原因还是害怕见到委拉斯贵兹的真实面貌，这会让我回想起自己做过的那些蠢事。

西 这样的话，我的疑问就不存在了。我想可能是因为照片的不明确性还有暗示性，才令我认为你偏好照片。

培 我的照片多数被人踩踏过、揉皱过等，大部分都破损不堪，打个比方，这样你能在伦勃朗的影响中加入些其他的东西进去。

西 你选的或是现存的照片，一直到现在，都是我们谈话的焦点，你画认识的人的时候用的快照是从这里选出来的（图 34—38）。我相信你在最近几年想要画谁的时候，一定会先拍摄一组特别的照片。

培 对，我会这么做。就算是朋友为我当模特也是一样，我工作喜欢用照片胜过模特，所以我才为画肖像拍照。用不认识的人的照片会让我无法工作。但我认识且还拥有他照片的人，我这样工作起来会比他真的在面前更容易些。我觉得，面前的影像是不能够无拘无束地让人发挥的，反而不如透过照片的影像。这可能是我的心理作用，但我发现作画时用记忆与照片比起让人直接在面前，能让我更自由地发挥。

西 你喜欢独处？

培 是的，和记忆独处。

西 是因为与人面面相对你感到不舒服，还是你认为记忆有意思？

培 把事物表象扭曲，这是我想做的，而且要这个表象的记录在扭曲变形中带回来。

西 你的意思是，绘画的过程等于还原的过程，而绘画本身是把某事找回的方法？

培 可以这么理解。我觉得，这种方法完全是人为的。而当你面前站着模特的时候，按我的经验来说，这会对你人为的过程加以限制。

西 假如是你用记忆或是照片画过多次的人呢？

培 他们的限制是 样的。假如我喜欢他们，那么，在他们面前练习作品对他们造成伤害是我不愿意的，这就是他们限制我的原

图 34　乔治·戴尔的照片，由约翰·迪金拍摄。

图 35　伊莎贝尔·罗斯颂的照片，由约翰·迪金拍摄。

图 36　卢西安·弗洛伊德的照片，由约翰·迪金拍摄。

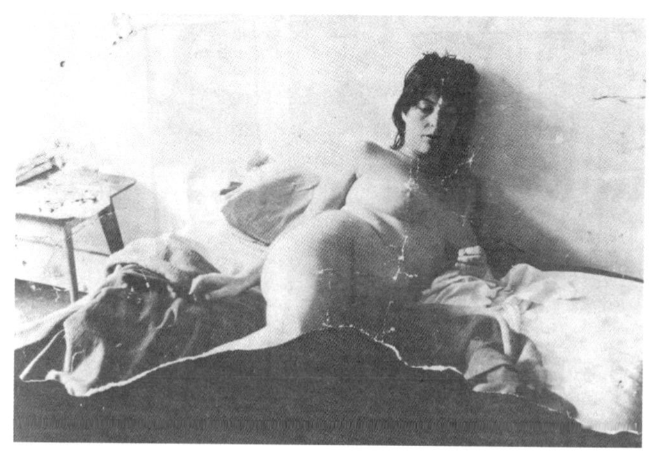

图 37　亨利埃塔·莫莱伊斯的照片，由约翰·迪金拍摄。

图 38　培根在自动快照亭自行拍摄的照片。（版权属弗朗西斯·培根）

因。我若是想要记录他们的真貌，情愿在私底下练习，我觉得这样记录得更清楚。

西 对他们来说，为什么是一种伤害呢？

培 因为我把他们扭曲变形，而我相信这对于大多数人来说是一种伤害，与他们对你的关心与喜爱程度无关。

西 你认为他们的本能反应也许是错的？

培 或许是吧。我很理解。但我很奇怪，有谁现在能在不伤害影像的情况下记录事实呢？

西 也许你该换个思维，既然你说过对记录单一影像中不同层次的感觉，那换个角度来说，你也可能把对他们的爱意与敌意蕴含在一个影像中，或许你的行为是二者之一？

培 不得不说，我觉得这种观点太过逻辑化了吧。我认为这种方式行不通。也该是有更深刻的东西才对，比方说我能让影像直接呈现的感觉是怎么来的，就是这样。

西 用客观的抗辩感去看待主体，能否让影像呈现得更真实？

培 我认为这样的方法大多数的画家不会采用，因为这是倾向于心理学式的观物方法。你所谈的虽被这种方式潜意识地包含，但我不觉得它有意识地包含所有。

西 这是当然的，若是有意识的，那作品就遭殃了。我的意思是说，假如模特把画家如此做天真地理解为对他的某种伤害，那他也是在直观上认定所有的伤害都是画家无意识中施加的。

培 可能是吧。你真正的意思，就是王尔德说的：你杀害你所爱的。真实情况可能如此吧，我也不知道。谁也不能确认绘画中的变形到底是不是某种损害。至少，损害的说法我不赞同。如果你从图像式绘画的层面上说，可能是损害。可从我认为的艺术层面上看，那算不上是损害。一个人要带出生命中的感觉和心情，只能依据自己的方法。这种方法并不一定是好的，但对一个人来说，要带出生命中最敏锐的一面，他只能尽力而为。

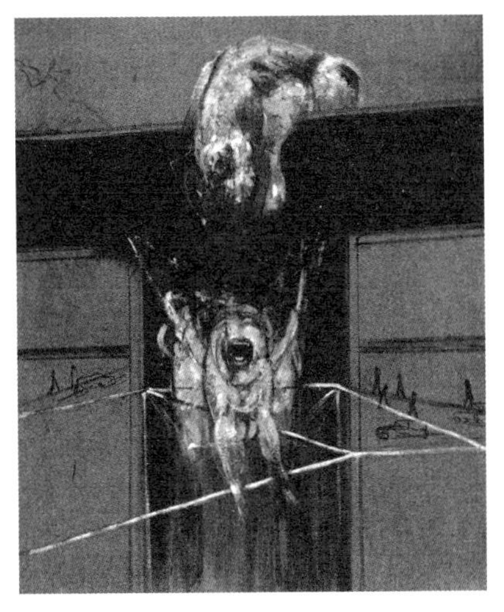

图 39 《钉刑图局部》，1950 年。

西 你的意图中包含尝试创作悲剧艺术吗？

培 没有。我认为，有人若是能在当今发现一种，介于埃斯库罗斯与莎士比亚间的有效神话，那会有很大的帮助。但假如你置身于传统之外，就与当今所有的画家一样了，你所能做的，唯有尽量符合自己的神经系统，把自身在某种特定情况下的感受记录下来。但我也许在记录的过程中，就是那个想被惯称为介于贫、富或权力、反权力之间的人。

西 如果说到传统神话式的悲剧主题，自然要说起你常画的钉刑了（图 39—41）。

培 欧洲艺术里有很多伟大的钉刑图，它就像盔甲一样保护你的各种感觉与心情。你也许觉得，一个没有宗教信仰的人采用钉刑为主题，这很奇怪，但这两者间我认为并无关联。对我们所熟知的某张伟大的钉刑图，画它的人是否有宗教信仰，我们也不确定。

西 但它们被当作基督教文化的一部分，而且它们也是给信仰宗教的人画的。

培 你说的没错，事实就是这样。这也许不能让人满意，可另一个如同钉刑图那样，把人类情感与行为的某个特定区域涵盖在内的主题，我还尚未发现。而这个盔甲产生，也许就是因为许多人专攻这个主题，对此我想不出更好的形容了，而且在上面对各种层次的感觉进行操作。

西 当然了，对于会回溯到希腊神话里的难题，从事各种媒体创作的现代艺术家们是无法逃避的。你在画《为三件钉刑图台基人物所画的习作》（图 1）中十字架下的人物时，用欧墨尼得斯代替了传统的耶稣基督。你想采用的，还有希腊神话的其他主题吗？

培 希腊神话与基督教相比，与我们的距离更遥远。而另一个关于选择钉刑的要素是：从形式上的观点来说，耶稣被抬升到一个显著、孤立的位置，比在同一层次的其他人有更好的可能性。层次的选择在我看来很重要。

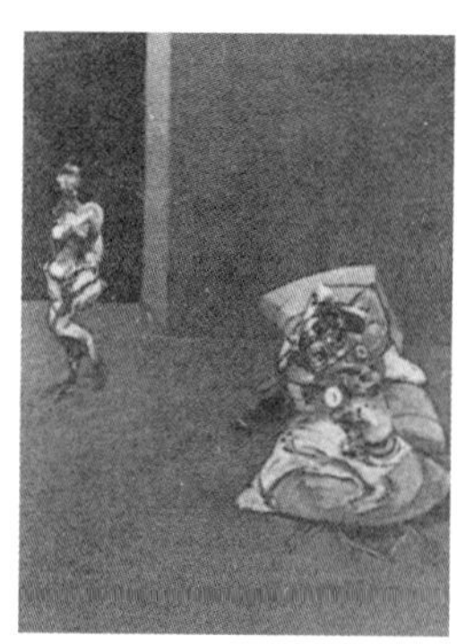
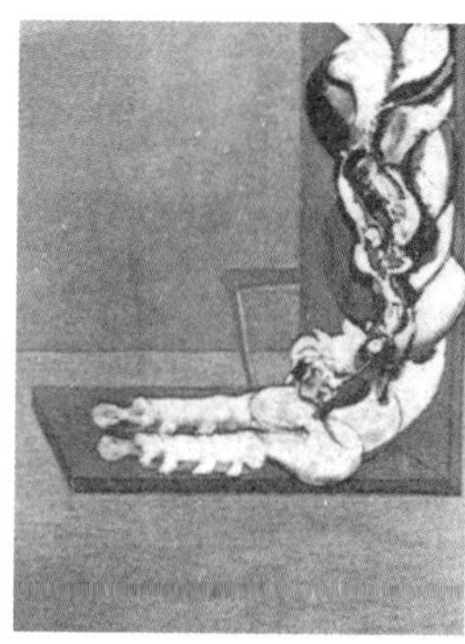

图 40 《钉刑图》，1965 年。三联画。

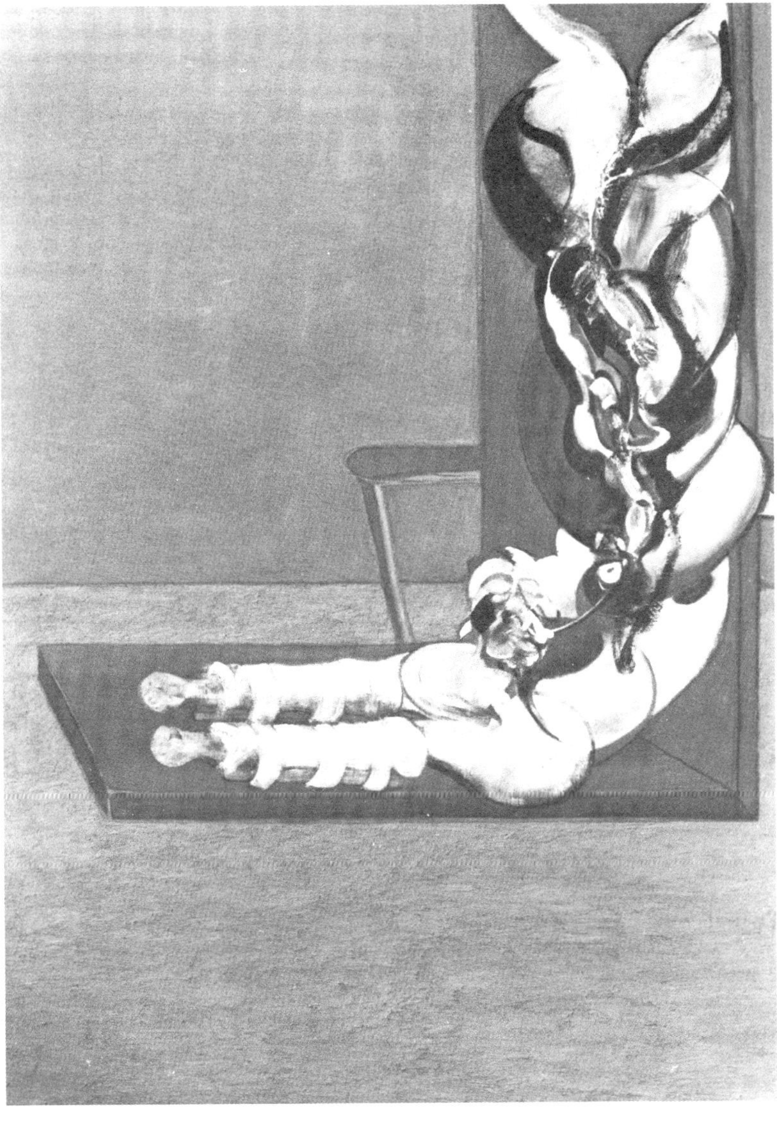

图 41　图 40 中间的画面。

西　你能否发现，当你画一幅钉刑图的时候，是用全然不同的方法触及问题呢？

培　当然了，你在工作时依赖的永远是自己的感知。你可以把它理解为一张自画像。而你对于行为、生命的个人感觉就是你所描绘的东西。

西　钉刑和肉铺能连接在一起，这是你作品中独有的一种配置。对你来说，和肉类联系在一起，一定是有什么特殊的意义。

培　对。假如你逛一些特别好的店，看到肉类、鱼还有鸟类等全部都死在那儿，那你就如同穿过了死亡的殿堂。当然了，对于一个画家来说，你必须记住一点，那里的肉类还有美妙的色彩。

西　你似乎是用两种方式呈现出了钉刑与肉类的连接，一种是让肉类出现在景物的四周；另一种就是，让钉在十字架上的人物变形，成为悬挂的生肉。

培　当然了，我们既是肉，也是潜在的死尸。我在走进肉铺的时候，总是惊讶于自己不是那些动物。可能这种使用肉类的特殊方法与有人使用脊柱的方法类似，因为我们一直通过X光片看人的影像，使用人体的方式很明显地发生了改变。国家画廊里有一幅埃德加的画（图42），你一定知道，那张画很美丽，画的是一个妇人擦背。你能看到，脊柱在最顶端几乎是突出皮肤的，这样做比起自然地连接颈部，更加吸引你的目光，让你把注意力分散到身体其他柔软的部分。无论埃德加是否有意地让脊柱突出于肌肉，他的画成功了，因为你意识到肌肉与脊柱基本是在同一时间，而不是他仅把被掩盖的骨头画出来。从我自身的例子说，此类事情，显然X光照片影响到了我。

西 你对关于肉类造型、色彩的描绘很执着，这点十分明显，而且在作品中我们能清楚地看到。可是，艺评却强调你画中出现的钉刑，是所谓的恐怖元素。

培 他们自然会片面地强调恐怖这个元素。但是对于这点，我在自己的画作中并没有特别的感受。恐怖并非我想要的。每个人都只能观察事物，且自己知道他所做的并非是强调生命的那一面。你在一家肉铺里看见了好看的肉类，然后你会联想，你也许会

图 42 埃德加，《浴后》，1903 年。

想到生命的恐怖面，也许是弱肉强食。这与我们谈论斗牛时所说的那些蠢话有何区别？人们吃着牛肉却在那抱怨斗牛；他们抱怨斗牛行为的同时，身上穿戴着各种皮毛制品。

西 画中的人物（图 43），在封闭空间中独处，似乎对此感到恐惧不安。这份不安非常恐怖，你注意到了吗？

培 没注意到。但是，通常这些都是在某人处于不安状况下完成的。对于作品能不能让人感受到这些，我就不知道了。若是那个人在捕捉影像的过程中，神经过敏乃至情绪失控，也许作品中会体现出这些特质。我总希望用画面展现事物，把它们直接、原始的样子呈现出来。也许人们对于事物直截了当地出现有恐惧感。因为，就算你是在陈述事实，但是不加修饰地说出来，有时候也会让人感到刺耳的。而人们又会轻易地被所谓的事实或真理惹怒。

西 对于一位画了许多呐喊的画家来说，在某方面上，把他划分为迷恋恐怖也不算是空穴来风吧？

培 对于呐喊，你可以认为它是恐怖的影像；而我想画的呐喊，实际上胜于恐怖。我觉得，若是自己真的有心想要用某些原因来引起人们的呐喊的话，那我的画会更成功。在某种意义上，我该有意识地创造呐喊的恐怖。但这实际上太抽象了（图 44）。

西 它们是纯视觉上的？

培 我想是的。

西 大张的嘴，它们全都是呐喊的意思吗？

培 不全是，但大多数是的。你知道嘴是如何变形的。对于嘴的动作、形状及牙齿我常有所感触。这些东西有人觉得带有各种暗

图 43 《人物Ⅳ的习作》，1956—1957 年。

示性，我却对嘴和牙齿的外表很痴迷。虽然这份痴迷曾经那样的强烈，但是，现在对它已经失去那份热度。你可以这么理解，对于嘴里发出的亮光和色彩，我很迷恋；从某种意义来说，我对于画嘴的渴望，就跟莫奈渴望画日出一样。

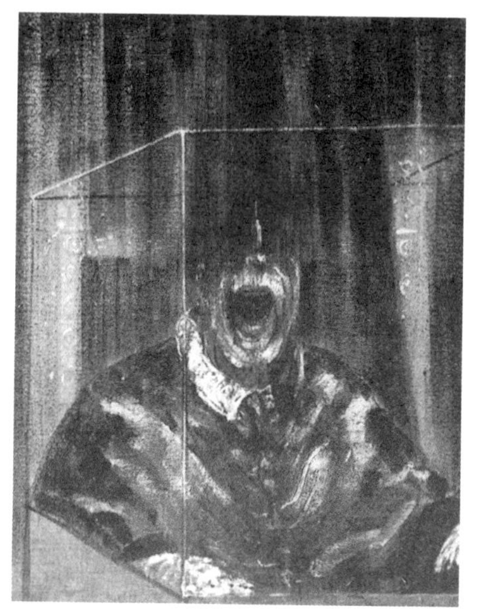

图 44 《头像Ⅵ》，1949 年。

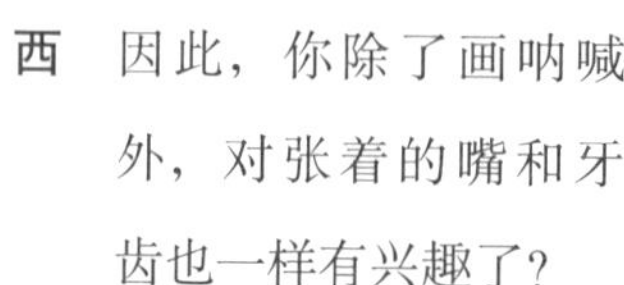

西 因此，你除了画呐喊外，对张着的嘴和牙齿也一样有兴趣了？

培 我觉得有可能。微笑也是我一直想画的，可惜一直失败。

西 对于绘画，你曾说过一种机会游戏。你在玩游戏的时候，喜欢的是轮盘，不是纸牌吧？

培 一般情况下是这样的。

西 轮盘非个人性那部分很吸引你？

培 是的，对于纸牌玩家加在彼此之间的个性，我很讨厌，我喜欢非个人性的，比如轮盘一样的东西。而且，我玩轮盘比纸牌运气好。从一个赌徒的角度来说，现在运气已经弃我而去。运气这种东西很有趣，当我的工作赚不到钱的时候，却能在赌场里赚钱，而且生活能短暂地改变，我靠赌博过着靠工作得不到的生活。但现在似乎这份运气已经被用尽了。我住在蒙特卡洛的时候，对赌场很迷恋，在那里流连忘返，可以早上十点去，直到次日凌晨四点才回去。那件事已经过去了很多年了，当时的我没钱，但运气很好。经常觉得似乎球未入洞时，就听到荷官宣布号码了。我游荡于每张桌子。还记得一天下午，我在三张不同的桌子赌博时，就听到了那些回声。虽然下注不大，但运气似乎一直眷顾我，下午临结束时差不多赢了一千六百英镑，这对当时的我来说，是一笔巨款。我立刻搬进了一间别墅，把自己能买到的各种饮料、食物囤积起来，但好景不长，不到十天，回伦敦的路费几乎都被我花干净了。在那十天里，我交到了很多朋友，过得十分美妙。

西　我们常说赌博的人是求输的，我觉得这句话对自己很适用。你觉得这对你适用吗？还是说，你认为自己的真实想法是要赢？

培　我觉得自己想要赢，这种感觉在绘画上也是一样。就算总是输，但要赢的想法并不会改变。

西　这种意义，在你赢了一场以后，会更重要，感到运气眷顾自己，用你的话说，绘画是机会游戏，也许意味着好处是能生活得更舒服？

培　我觉得在这里我能得到好处。

西　你喜欢过好日子？

培　我过着镀金的污秽生活，你可以这么说。总是住在所谓豪宅里的生活，我并不喜欢，但当我想要的时候，我希望有能力实现这种生活。

西　你喜欢什么？住在好的旅馆里？

培　我喜欢舒适、被服务的生活。你知道的，我自己根本不这样生活，但很喜欢，当我在那些地方，所有的东西钱都能买到，想要的很轻易就能得到。

西　你是被轻松的感觉吸引，还是被奢华本身所吸引呢？

培　我想，也许是那份轻松的感觉吧。但若是我们继续奢华下去，那么一个人会有明显的改变。我想说的是，那些可以生活得很奢华，想要什么都能得到的人，最后都会很无聊而又绝望。他们为了打发无聊的时间，往往想尽办法。有一次，我在丽池饭店的电梯里碰到一位有钱人，我们一起上楼，他刚从苏活区买了些青豆和新鲜的马铃薯，购物袋破了，电梯的地板上到处都是散落的青豆和马铃薯。我能想象到，为了煮这些东西，他肯定在房间里装了个小火炉。对于有钱的人来说，这才是奢华。

西　目前，你在赌博方面确实运气殆尽，那工作方面如何呢？

培　能被我称为运气的，我想最关键、最丰富的部分就是“意外”。我想对我来说，如果说有任何有用的东西，机运所能带给自己的都是我自己无法达成的东西。我这些年倒是真的一直在思索机运，及怎样利用机运的各种可能性。对于有多少靠的是纯粹的机运本身，而操纵机运占多大部分，我一直不知道。

西　也许你会发现操纵它会变得更顺利。

培　也许对于机运制造的记号，人们能比较顺利地处理。因为那些记号是超乎理性的。在按照时间及情况来做决定时，人们变得比较能利用“意外”带来的各种提议。以我自己为例，对于那些意外引发的结果才是我喜欢的东西，但这些结果必须是能为我所用的。因为我实际上意图捕捉事实，却导致带来一个迷惑

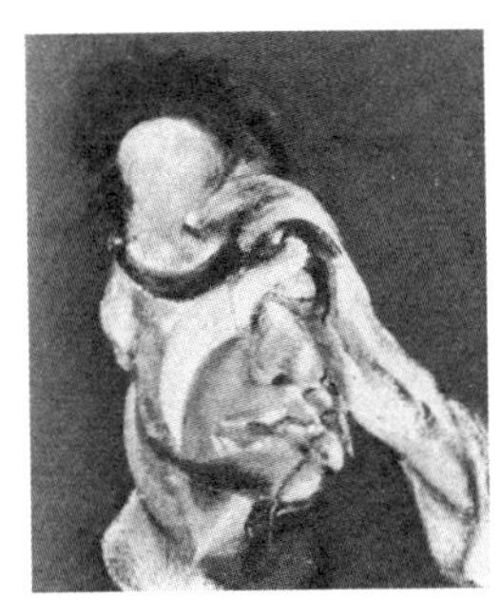
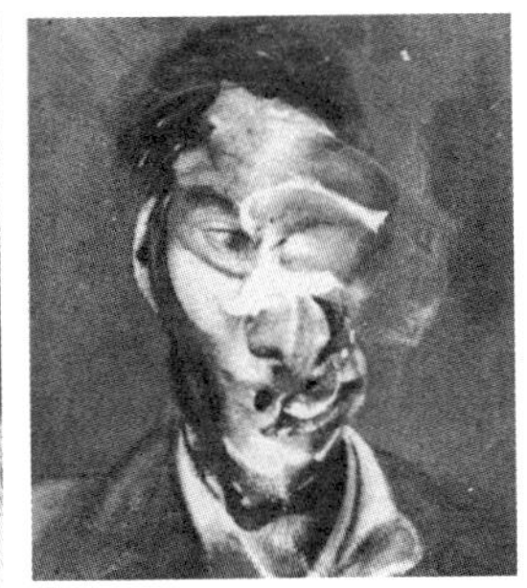

图 45 《三幅为卢西安·弗洛伊德肖像所画的习作》，1965 年。小型三联画。

的视觉影像，所以我能借此发挥尝试，并从图像的事物中创造出一些东西。

西 发生“意外”的途径，我想不超过三种：一种是当自己的成果让你极其恼怒的时候，也许你会不管不顾地，用刷子或布在上面涂抹；二是你没有耐性画下去的时候，厌烦地在造型上涂鸦；三是在注意力不能集中、心神不定的时候。

培 也许是当你醉酒时。这三种或四种情况，当然都可能有用，但也可能没用。说真的，它们经常是没用的。

西 那“意外”发生的原因究竟是什么呢？这些途径或多或少能够引发吧？

培 要我说的话，这些途径是有的。但是，我觉得可以把一些无心的记号留在画布上，尤其是抽象画（图 45）。也许这些记号，所暗示的是更深刻的一面，通过它捕捉那些吸引你的本质。假如有什么事情在我的例子中发生作用，那么在它发生的瞬间，我肯定不知道自己在做什么。每当我想要更准确地跟住影像的时候，就常常发现，它必定变得无比迂腐，在愤怒无望中，我会混乱地在影像上涂抹乱画，想要彻底毁掉它，而刹那间，我会发现目前的情况与我的视觉对影像的观感慢慢接近。我例子中的关键就是，怎样把陷阱放在事实最鲜活的机运上对其加以捕捉。

西 你当时在想什么？怎样对意识所做的决定不予理会？

培 我那时一般是什么也不想的，只想到遥遥无望的目标。而能让你继续发展下去的是你画的那些记号，但当你画下不知道怎样演变的它时，突然某些东西被你捕捉到了（图 46—48）。

西 作画的时候饮酒，对你的帮助大吗？

培 不太好说。在很多时候，我喝酒但并不做很多事情，只挑一两样完成。《三幅为钉刑所画的习作》（图 7）就是我在一九六二年喝了两个星期的酒画出来的。人有时喝酒，是为了让自己放轻松，但同时我觉得也让其他方面变迟钝了。酒能释放你，却又麻痹了你最后的判断。对于酒精与药物的作用，我并不相信能对我有帮助。也许它们对别人有用，能帮助他们，但于我无助。

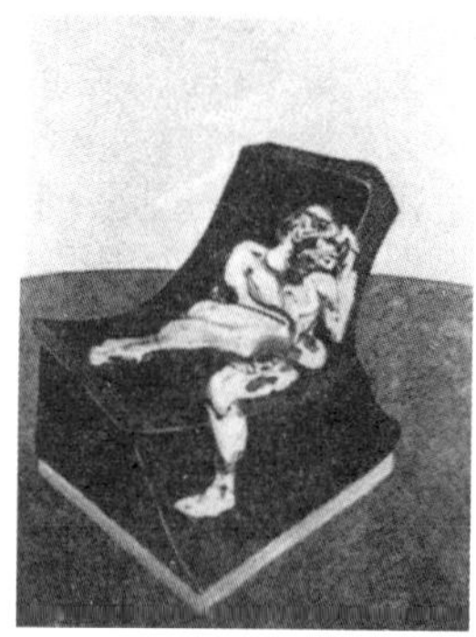

图 46 《室内三人物》，1964 年。

图 47　图 46 左边的画面。

西 换一种说法就是，你虽然总是提及机运的重要性，却不想真的思维昏暗。对于机运，你是否不想太过依赖？

培 我想要的影像，是有次序的，却是机运创造了它。

西 可你并不想要机运轻易地到来。

培 我喜欢事情来得容易，但机运是你无法命令的。这就是事实。若是机运能命令，那你得到的东西，也只是被迫的另一种形态的图像而已。

西 在你发觉自己感觉自由了，事情的发展出乎你的预料，甚至超常发展，你本身对于那个机运有没有意识到？

培 大多数时候，比起其他的记号，无心的记号更有暗示性，你觉得这时任何事情都有发生的可能性。

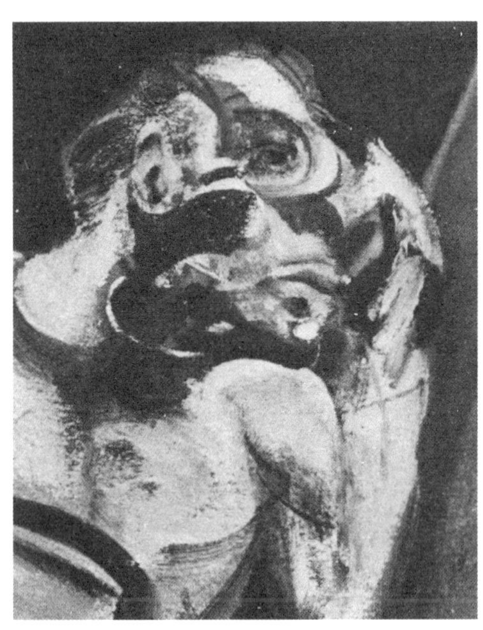

图 48 图 46 中间画面的细部。

西 你在画那些记号时是这种想法？

培 不是，在记号画完以后，你才能如同在俯视坐标图一般。这张坐标图上植入各类的事实，从中你可以看到各种可能性。这件事真的很复杂，我的表达不是很确切。我举个例子吧，你在心中想着一幅肖像画，起初嘴巴也许被你摆放在某处；一些学者忽然间质疑这幅画的真伪。而你从坐标图中却看到，脸被嘴巴笔直地横过。所以，在某种意义上，你是希望把肖像画成撒哈拉沙漠的，让它们俩这么像，就好像是在遥远的地方俯瞰撒哈拉沙漠。

西 这跟调停对立这码事有关系吧？我感觉与把东西立刻做成相反的东西有关。

培 东西要尽量地与真实接近，同时具备深刻的暗示性与对知觉最深层掌握的流露，而不仅是单纯的图像化，这些不正是人们经常希望的吗？艺术不就是这么回事吗？

西 对于图像化造型与非图像化造型之间的不同，你能尝试去定义吗？

培 我想，不同的地方就是图像化造型是透过知觉领域明白这个造型是什么，而非图像化造型是作用在知觉领域而后逐步地释放真实。我们并不了解这样的原因是什么。也许往往因为真实本身的模棱两可，表象是这般不明确，所以对于真实的造型，也只能用不明确的记录来接近它。

西 在你用高速相机拍照的时候，所创造的效果是很不明确、很刺激，而且完全无法预测的，所以，这个影像是它而又非它。那这又算是图像吗？

培 我认为算。我想这是种转向的图像。艺术家与相机的不同之处在于，我认为某种意义上艺术家必须要设陷阱，以便活捉这个存在的真实。但你的陷阱能精良到何种程度？布置在哪儿？何时出现？还有一件关于肌理的事情。我认为照片的肌理始终不如绘画的肌理直接。照片的肌理要到达我们的神经系统，似乎是要经过图像过程才可以，而绘画肌理也许能直抵神经系统。这种情况大概像……我来举个例子，比如是口香糖构成了伟大的埃及古物，狮身人面像是口香糖做的，那在几个世纪后，你能轻柔地拾起或举起它，你那时候对它的感觉还不变吗？

西 你举例子的意思是一件伟大作品的效果根据材料的不同而改变？

培 我觉得这与永续性不无关系。我想几小时就会消失的极佳影像你当然能做出来，但永续的可能性是影像效力的一部分，影像自然是它周围的感觉，这种感觉随着持续的时间而累积在它四周。

西 画布上笔刷的记号与颜料的律动居然能与我们直接对话，这真让人费解。

培 比如你想到伦勃朗的《自画像》（图 49），并且对它深入分析，会发现这幅画简直完全是非图像的，因为画中人物的眼窝几乎没有。而这些非理性的记号是无法干预的。这就是意外总进入到活动中的原因，因为你在了解如何做的时间段中，所做的不过是另一个图像罢了。但事情有时候发生了，同伦勃朗的《自画像》般，画中非描述性记号所创造的影像很伟大。当然了，有部分意外的因素在内。而这里面还依靠伦勃朗深厚的感受性，

图 49　伦勃朗，《自画像》，约 1659 年。

所以才能把非理性的记号把持住，没有成为其他的影像。抽象表现主义的工作，已然被伦勃朗的画给做尽了。伦勃朗还尝试记录真实，对我来说，这点要更加刺激及深奥。绘画的性质在我看来是二元的，而抽象绘画纯粹是美学上的东西，这也许是我不喜欢或者说对抽象画不感兴趣的原因之一了。它总是在一个层次上坚持着。抽象画中图案与形状的美，才是真正吸引人的地方。我们知道多数人的非纪律性情感领域是极为宽泛的，而艺术家则更甚，我觉得，抽象画家在他们的记号里自认为已经捕捉了各种情感。但我认为用这种方式画出来的画无法传递任何东西，因为它太弱了。伟大的艺术都是诞生于巧妙的规划中，哪怕在这个规划里有很多直觉与意外的东西夹杂其中，但正是因为对规则的欲求，及将真实回归神经系统的更剧烈方式，才有了这些东西。难道没有人在这些伟大的艺术家之后做一点儿尝试吗？只是因为我们直觉已然改变了，这是通过一代代传承那些伟大艺术家的行径导致的。既然新的感觉随着直觉的改变而自然升起，我们自然能对这个东西更清晰、更兴奋、更激烈地再次陈述。你看，我相信艺术就是记录；艺术在我看来就是报道。抽象艺术我认为只有画家的美感及一些感觉，它与报道毫无关系。而且，里面没有包含任何张力。

西 你不认为抽象艺术可以传达感情？

培 我认为，抽象艺术能传达的情感，只有表面的抒情，但所有的形状都能做到这点。我认为它不能传达真正重要的感官拥有的感情。

西 你所指的感情是更特定、更直接的？

培 是的。

西 你说它缺乏张力，但是抽象画扰乱了观众对艺术特有的期待，你不认为在某方面来说，这就是引发了某种张力吗？

培 如果是旁观者的话，那么在我看来，他们也许能够进入抽象绘画中，但所谓的非纪律性情感是所有人都能够进入的，关于爱情与疾病的悲惨体验，终究是不为人们所喜欢的，他们更喜欢以无事人的身份在一边看热闹。这样，他们可以进入这些事情里，自认为参与其中。但这与抽象画没有任何关系。现在，你所说的这回事是观众进入表演，因为提供给他们的东西比较弱，所以他们能进入抽象艺术，而这些东西他们甚至都没有争取就得到了。

西 假如抽象画只是做做图案而已，对于有些人，比如我自己，会发自内心地对那些抽象画产生同具象画一样的反应，这你怎样解释？

培 流行。

西 这是你的真实想法吗？

培 我只能说，时间能够证明一切。任何艺术家都不会知道他在有生之年的作为有没有那么一点儿价值，任何东西要从理论中找出脉络，所花费的时间至少要七十到一百年。我认为人们多半是靠着理论进入绘画的，并不是靠绘画本身。你该被什么感动或不被什么感动，流行都会告诉你。这就是那些成功的艺术家不知道自己作品好坏的原因，而且他们永远都不会知道。

西 你在前不久买了一幅画……

培 米修的画。

西 米修的那幅画（图 50），是有些抽象的。我知道你最后会厌倦它，把它卖了或送人，但你买它的原因是什么呢？

培 我并不认为那是张抽象画。我认为他是个很聪明、很自觉的人，他对自己的处境很了解。他做的泼墨和自由的记号是当今最好的。他用那种作画方式我认为更好，甚至杰克逊·波洛克都不如他。

西 你这么认为的原因是什么？

培 因为它比较真实，具有暗示性。他的画毕竟多数都是关于重塑人物的影像方面，包括这幅，通过完全非关图像的记号传达给你人的影像，那些影像通常如同拖拽穿过深耕的田地一般，或跟那些相似的东西。它们是与这些影像的移动与坠落等有关的。

西 你在观赏大师的静物或风景画时，会受到观看人的影像那样的

图 50　米修，墨水素描，无题，1962 年。

感动吗？塞尚的静物或者风景画带给你的感动会超过他的人物画或裸像吗？

培　并不会，在我看来，塞尚的风景画虽然比人物画要好不少。有一两张人物画很好，但风景画总体来说还是更好一些。

西　但是，对你来说人物画更有用？

培　对。

西　你在同期画了一些风景画（图 51），促使你这样做的原因是什么？

培　在对人物画感到无能为力的时候。

西　你认为自己会在很长时间之内不再画风景了吗？

培　我不知道。每个人所做的事情，毕竟总是希望趋近自己的直觉。风景确实不怎么吸引我。而对于艺术，我认为那就是对生命的一种迷恋，但身为人类，我们最迷恋的就是自身，而风景、动物等都排在那之后。

图 51 《风景》，1952 年。

西 对于历史绘画中传统遗留下来的主题，如果让你来排序，那么结果首先是神话与宗教主题，其次是肖像，然后是风景，最后是静物，对吗？

培 我会改变它们的顺序。现在，特别困难的时候，肖像会被我放在首位。

西 然而，事实上你的画中几个人同时出现的情况极为少见。原因是感觉人物画起来困难，所以把注意力都放在一个人物上吗？

培 若是有好几个人物在其中，我觉得立刻就趋向于表明人物关系的说故事层次，情节也会马上被设计出来。我所希望的是画出不触及任何情节的人物。

西 比如塞尚对浴者画像所做的？

培 他是这样做的。

西 人们把你不久前画的那幅《钉刑图》用故事的方式解释了一遍：右边画面里的人物带着画着十字记号的臂章（图 52）。这让有的人觉得那意味着带着它的人是纳粹；有人却反对，觉得应该是热内的剧本《阳台》里的一个角色，仅仅是穿着上像纳粹而已。这些就是人们用故事的形式来诠释的一个例子。我的疑问就是，首先，这些是否真的意有所指？其次，这种讲故事的方式是否不为你所喜欢？

培 确实，我不喜欢。你也可以这样说，放一个十字架在那里真是愚蠢透顶的事情。但我想的是用臂章切断手臂的连续性，而且还把一点儿红的色彩加在了手臂上。这么做也许会让你觉得很蠢，但原因纯粹是想让人物成功，应该是重心倾向于想让造型成功，而不是想让它暗示纳粹那个层面。

图 52　图 40 右边画面的细部。

西　那为什么要用纳粹的十字记号呢？

培　我当时正在看一些照片，希特勒与他的随员站在一起的画面，他们的手臂上都带着这种记号的臂章。

西　你肯定在画臂章的时候预想到了人们看到它会联想到的故事，还是压根没有想到？

培　想到了，但我认为自己不会很在意这点。

西　但人们用讲故事的方式来解释那幅画时，会让你生气吗？

培　不会。假如我会因为人们怎么说而生气，那也许我会一直处于气愤的状态。那并不是什么成功的做法，你懂我的意思吧？但是，除了这种方法我当时想不到别的了。

西　为什么你不想讲故事呢？

培　我并非不想讲故事，但我想做的是像瓦莱里说的那样——传达感觉时不流于无趣。但无趣在故事开始的那一刻就来了。

西 你觉得发生这些是无法避免的？自己也不例外？

培 也许我也无法避免吧。也不知道有谁现在能做到这点。

西 你现在的感觉是，作画不如从前容易？

培 我觉得是这样的，因为从前画家扮演的角色是双重的。我觉得他们自认为在做记录，但通常他们做的比单做记录要多很多。但是，现如今随着机器记录方法的发明，比如影片、摄影，还有录音机等，你真的能从最根本、最基础的那方面去落实绘画。另一方面上，其他的媒体做得要更好，我指的这个层面是较为肤浅的那种，并不是影片，影片在剪辑重组后做出的东西是不同的，我指的是直接的摄影和录音。画家从前相信自己做的图像化事物已经被它们取代了。我觉得这点抽象画家也了解，而且他们考虑到，为什么不把造型与色彩的效果留下，而把所有记录的图像与造型彻底抛弃掉呢？这种做法从逻辑上讲并没有错，但却行不通，因为你想记录的是生命能吸引人的那些东西，这也许才能让人感到极其兴奋和有张力，你所说的那种简单的自由幻想方式记录的形状与色彩是做不到这点的。我认为我们现在的地位是很微妙的，因为有两种极端会随着传统的消失而出现。就好像一篇类似警方报道的直接报道。但现在只有创造伟大艺术的企图心得以保留下来。所谓的“中间艺术”并不存在于我们所处的时代。我的意思是并非所有人在这个时代里都曾试图创造伟大的艺术。但你也可以认为这种极端的处境来源于各种各样的情况。你所做的事情，在有了这些记录真实的机械媒介后，唯有更加深入，你的报道得扩及多个层面而不再是简单的事情，你要开启感觉的领域，从而能指向更深刻的影像实貌；你会为活捉某种物像而意图创造一个结构，并且把利用此结构捕捉到的东西保留下来，换种说法就是一直保存到它成为化石，就是这样。

西 言及你说的处境，当然了，你的工作环境是极端孤独的。很明显，孤独本身就是个极大的挑战，你有没有挫败感？若是成为有着共同方向的艺术家的一员，你愿意吗？

培 能和一群艺术家一起工作，我想是让人很兴奋的事情，这样能借此交换……我觉得有人能交谈的感觉很不错。现在完全没有人能和我交谈，也许是没那么幸运吧，那些人我并不认识。认识的人和我态度截然不同。但我觉得，艺术家实际上应该是互帮互助的。他们能把彼此的处境整理清楚。关于友谊，我常觉得像两个相互撕裂彼此的人一样，也许因为这点，所以我在对方那里学到了一些东西。

西 艺评发出的破坏性批评，是否曾让你从中受益？

培 对我的破坏性批评，尤其是来自其他艺术家的，我觉得经常也是最有帮助的批评。你分析这个批评的时候，也许觉得它是错的，但你至少分析了，也思考了。当然了，被人称赞是件十分愉快的事情，但人们的称赞，对你来说并无帮助。

西 对于朋友的作品，你认为能否提出破坏性批评？

培 非常不幸，对于他们中大多数人来说，若是我还想保持友谊的话，最好别这么做。

西 那么批评他们的人格，你觉得友谊还能够继续吗？

培 这个做起来应该比较容易，因为人们往往对自己的人格不像对作品那样自负。这点非常奇怪，他们觉得天生的人格能够取消，可以对此下功夫努力去改变它；但对一幅作品来说，任何事都无法让它改变。我总想要遇到一个能够真正和我交谈的画家，他的品质与敏锐能让我信任，他真的可以把我的画撕得粉碎，但我又相信他的判断。我来举个例子，说起艺术的另外一个领域，艾略特与庞德、叶芝在一起工作这点让我很羡慕。事实上，庞德对《荒原》的改动不亚于一个开膛破肚的大手术；叶芝也深受他的影响。虽然二人比起庞德来，都是更为出色的诗人。若是有个人能对你说“做这个”“做那个”“不要这么做”“不要那样做”，而且把理由告诉你，这是非常棒的事情，至少对我的帮助非常大。

西 这样的帮助你认为真的对自己有用？

培 是的。我非常迫切地渴望有一个能告诉我如何做、哪儿错了的人。

访谈三

西 你从事绘画工作的时间很晚?

培 没错。从某方面来讲，我年轻时没有真正的主题。我的主题是伴随着生活的积累、认识人的增加才真正滋生出来。另外，我从没有进过任何美术学院或类似的机构，也许我被这件事耽搁了，接受美术教育也许在很多方面有好处，但我不觉得现在的艺术学院能为艺术家做什么。我对一些事情也十分后悔，比如没有学习古希腊文，当然了，这是我很久以后才感觉到的。

西 从什么时候开始，你生活的核心变成了绘画?

培 我想大约在一九四五年吧。你知道的，我参军时因为哮喘加上其他的原因被拒绝了。埃里克 · 霍尔那几年里经常鼓励我，他对我的影响巨大。实际上，一直以来，他在我生活中的影响都很大，他为人睿智而且感受力很丰富。他教会了我怎样看待事物的价值，比如对美食的定义，这些事情我在爱尔兰是绝不可能学到的；而爱尔兰给我的是某种源自生命的自由。

西 你在一九二〇年末设计家具和地毯的时候（图 53），很快就设计出了很特别的作品，起码当时的人们这么看。

图 53　培根设计的家具和地毯，拍摄于培根工作室，1930 年。选自《1930 年不列颠装饰的风貌》,《画室》，1930 年 8 月。

培 对，但那些来源于别人作品的东西。我并不觉得有任何原创性，它们深受当时法国设计的影响。

西 所以你没有继续下去的兴致，而是试图做出更有原创性的东西？

培 没有。我试着作画。

西 但是不久之后事情又重复上演了，你又画出了很特别的作品，比如《钉刑》（图 54），赫伯特·里德把它刊登在一九三三年的《现代艺术》上。但是之后的几年，你画得很少，对吗？

培 对，我那时在享受安乐。

西 但在那时你是否知道绘画将成为……

培 不知道，一直到很长时间之后。现在我很后悔自己起步太晚，我做事情好像都没早过。我觉得自己是那种会耽搁的人，有些人总是这样的。

西 你说自己耽搁，可你作为设计师与画家，在二十出头已经有了出色的作品。

培 对于大脑中的分析力方面来说，我觉得已经很迟了，二十七八岁才开窍，这算很晚了。你知道的，我年轻时很腼腆，后来我觉得这真荒唐，所以，想办法克服，因为这么大岁数的人还害羞，这很不可思议。渐渐地，我三十岁的时候也就能放开了。许多人在更小的时候就做到了这点。因此，我认为生命中的很多时光都被自己浪费了。

西 你说自己没有主题，是你当时就察觉到了，还是后知后觉？

培 嗯，是后来察觉到的。但我总觉得取自委拉斯贵兹的那些画并不成功，也许那是我的第一个主题。那张画开始吸引我，我买了许多它的照片。我真的觉得那是我的第一个主题。

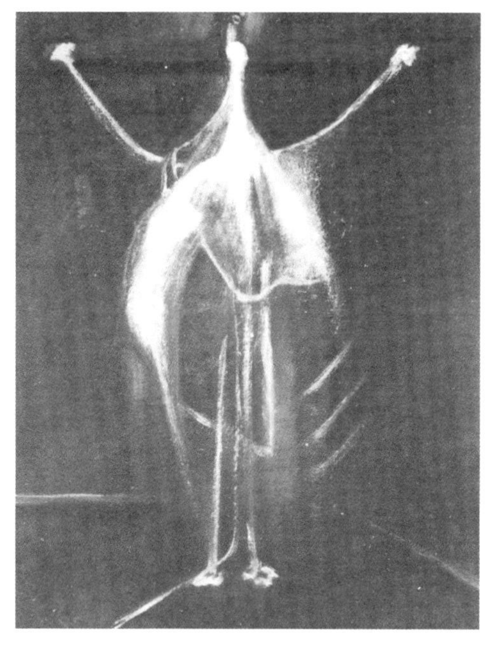

图 54 《钉刑》，1933 年。

西 那件事是二十世纪四十年代末发生的。你认为自己的涉入与你父亲有关吗？

培 你的意思我明白，但我不能肯定。

西 嗯，教皇就是爸爸。

培 我从没这么想过，我不知道如何解释，对造型的迷恋是什么？这理解起来很难。我一直与父母相处得不好，事实就是这样。他们不想让我当画家，认为我不务正业，特别是我的母亲。直到了解到我靠作画能赚点儿钱才有了改观，我们的关系才有了一些缓和，但是她那时已经到了晚年，不久之后她就过世了。因为我父亲的早逝，加上两次再婚，母亲改变了很多。我父亲是个心胸狭隘的人。他很聪明，但不会提升自己的智慧。他是个赛马训练师。争吵似乎是他的爱好，所有人都是他的争吵对象，而且他还十分固执，所以他真的一个朋友都没有。在和子女的关系上，他做得也很糟糕，我觉得我最小的弟弟很受他宠爱，但小弟在十四岁那年夭折了。他与我的关系自然好不了。

西 那你对他的感觉如何？

培 我不喜欢他，但他在我年轻的时候，能在性方面吸引我。当我第一次意识到这个问题的时候，我甚至没往性那方面想。当我和马厩里的人及马夫发生关系后，也就知道了，那种感觉是性方面的。

西 强烈的个人意愿，也许才是委拉斯贵兹的教皇能吸引你的原因吧？

培 那是世上最美的作品之一。身为画家都会被它吸引，我也不会例外。我认为许多艺术家对它都是持肯定态度的。

西 反复地制作与它相关的各种版本这种事情，我不认为别的画家会这么做。

培 希望我没有。

西 当然了，教皇与一些早期用的主题常被你结合在一起，实际上，我曾经希望你把这个或钉刑当作第一个主题——张开的嘴，呐喊。

培 我没有用自己想要的方式去画呐喊的教皇。就像你以前说的那样，莫奈总是很能吸引我，当别人还没有被他的画吸引时，我就已经很迷恋他的画了。有人说："它们只是一堆冰激凌而已。"因为他们看不见，所以才如此说。我在之前就买了那本书，关于口腔疾病手工上彩的那本，但我在画教皇的呐喊时，画出来的跟我想要的相去甚远，我想要的不单单是呐喊的教皇，而是让嘴巴有着美丽的颜色等，看上去如同莫奈的一幅《日落》。假如我能再画一次，上帝最好不要让我再画一次，因为我会让它像莫奈的画。

西 没有黑色的洞窟。

培 对，不会再有。

西 我猜二十世纪五十年代初是你发展主题的关键时期，当你开始画你认识的人的时候；但你在那之前所做的变形，只对于既存的影像。你在画画时，靠的是记忆或快照，并且起初总是靠模特。你为什么不能早点儿这么做？（图 55、56）是技术上有困难还是心理方面的因素在阻碍你？

培 技术方面的问题吧。

西 既存影像的绘画要比人物或记忆里的人要容易吗？

培 对。

西 当然了，你在画一些人的时候，也经常用照片。

培 对，但这些人一定跟我很熟，我只是用照片来把他们的长相记住，修正记忆中他们的形象，真的，跟你用字典没什么区别。那些不熟悉的人，我是不会画的。除非总看到他们，否则我没兴致去画，我会看他们的动作与轮廓。

西 你在开始画些特定人物的同期，也开始了画双人物，比如一九五三年的《两个人物》（图 57），还有第二年的《两个在草地上的人物》（图 58）。但是从那以后过了差不多十二年，这个题目才重新被你捡起，而这以后基本上就成了你最有力的主题之一。

图 55 《喝酒的人》(大卫·西尔维斯特肖像), 1955 年。

图 56 《肖像习作》, 1953 年。

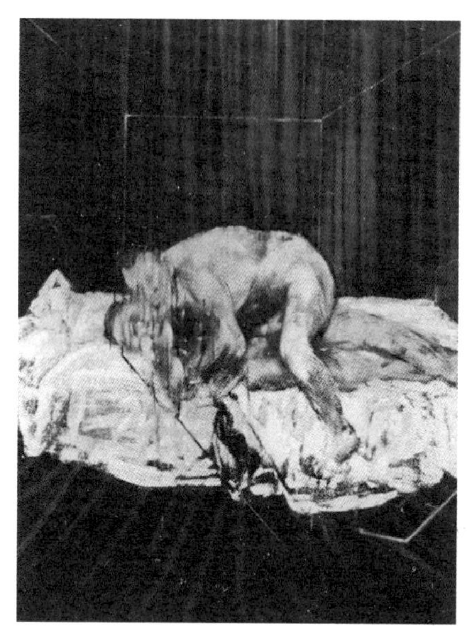

图 57 《两个人物》，1953 年。

培 这当然了，它难道不是个永远看不到尽头的主题吗？事实上，不需要另外的主题了。它是个让人记忆深刻的主题，我现在画它应该能用全新而又不同的一种方法了，我想用做雕塑的想法去画它。而究竟有没有画，那是另一回事，但我会把各种方法都用上的，雕塑中的位移正是我想画的东西。不仅是这样的人物，雕塑里的人体的各种模样也是我想画的东西。我能感觉到，现在的我要重新开始的话，完全可以用另一种方法，我感到身上的枷锁已解除了，尽管这可能不是真正意义上的解除，因为虽然你牢记死亡，但人们会说你忘记了它。因为，那些我真正喜欢的都已逝去，所以，我的生命是不幸的。时间并不能让你忘却伤痛，你也无法停止对他们的思念。但是，当你被 件事情吸引了全部注意力的时候，你会陶醉其中，而你的作品中也

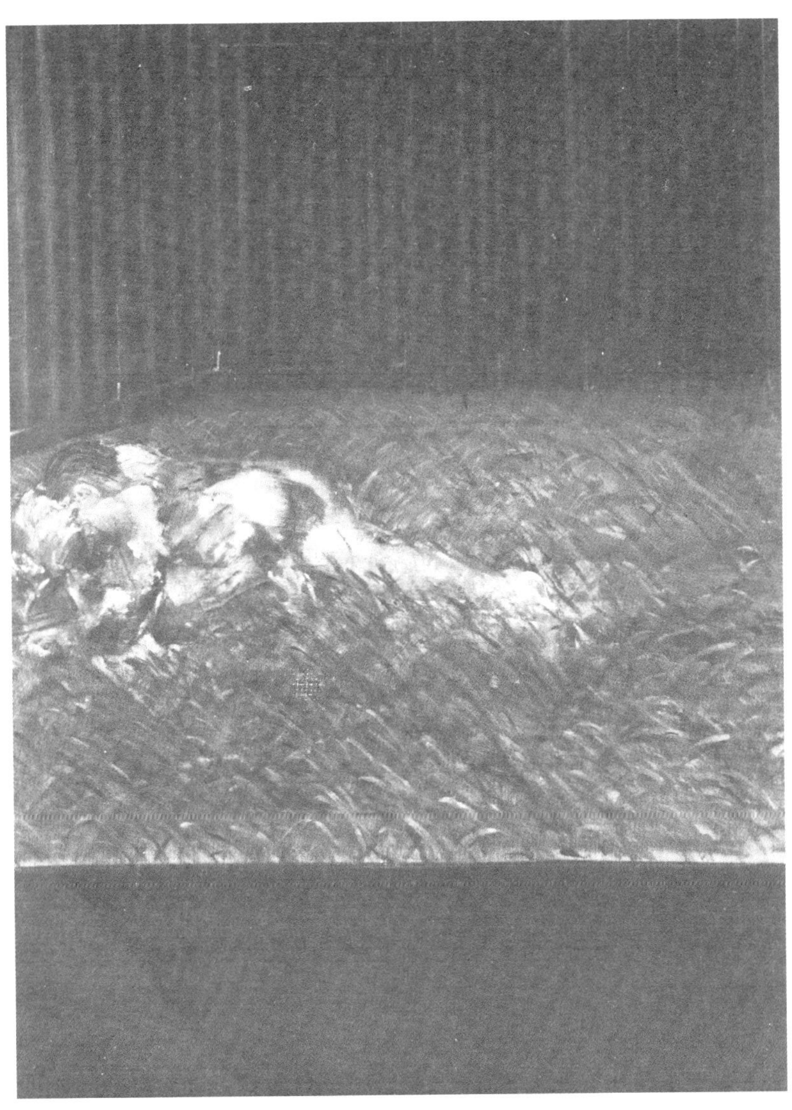

图 58 《两个在草地上的人物》，1954 年。

会体现出这种陶醉。因为，毁灭对于“爱”来说，是最可怕不过的事情了，而对于艺术家来说就更是如此。可没有毁灭的话，他们也就不可能拥有…… 我不知道，真的。有一天，我和一个人说：“假设有人住在一间茅屋里，他任何经验都没有，那么他会一辈子重复做相同的事吗？”我感觉不会这样，但偶尔也会疑惑。

西 给我印象最深的，就是你说起认识的人时，偏向于分析他们的行为及其在困境中的表现，而且以此作为评判他们的标准。你自己有意识到这种做法吗？

培 我感觉自己有意识到，但没有像你观察得清晰。你也可以理解为，分析困境中人的表现，是判断人品质的标准之一。

西 在我看来，你的先见似乎很能影响作品，无论明面上或私下里。明面上的，如你画的《呐喊》，这幅画里你居然让冷调的委拉斯贵兹教皇呐喊，还有《钉刑》，人在床上狂躁地扭曲着，还有痉挛抽筋的单一人物（图 59、60）与胳膊上插着毒品注射器的裸像（图 61）等。

培 我用的是卧在床上的人物，为了让影像更能体现出真实或表象的造型，所以才加上了注射器。我画注射器并不表示那是注射毒品用的，因为我觉得如果画一个钉子穿过手臂实在是太过愚蠢，而这样做起码看起来好一些，且能与通俗剧有些区分。我想要的是让肉体被钉在床上，所以才画了注射器。但也许有时候我该把这些全都摒弃掉。

西 你戏剧化的主题十分显著，现在我并不想要在那上面过多地赘述，事实上欧洲艺术有许多时刻都展现了高度的戏剧化。我的

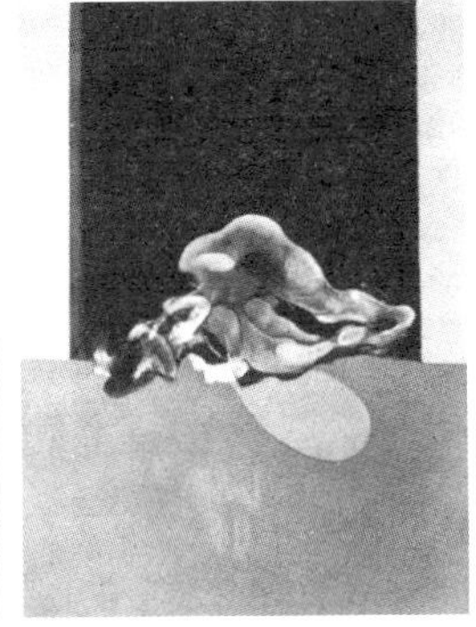
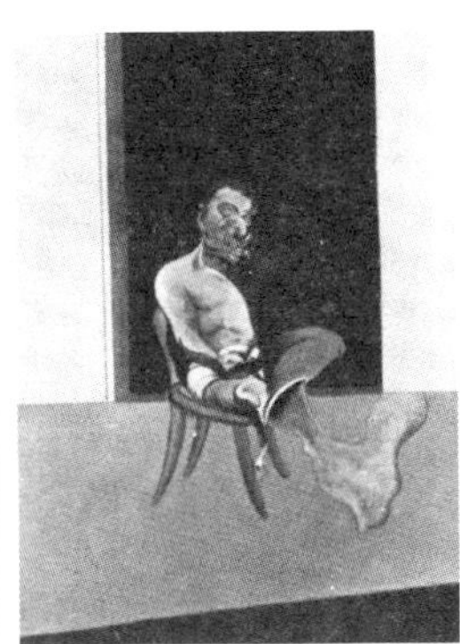

图 59 《三联画——1972 年 8 月》。

真实感受是，你所画的人物，无论是在房间里坐着或行走在路上的，任何人看了之后，几乎都认为这些情境绝对不是腐朽中性的，画里的人好像陷于未知的紧急状况，也许是烦恼迫人的命运吧。

培 我记得你曾经跟我说起人们对我的画的感觉，总是像命中注定的死亡一样。

西 对。

培 这也许跟我的感觉有关，我总是感觉人终有一死。因为若是生命能让你兴奋，那么生命阴暗的一面，也能让你兴奋，比如死亡。它们也许达不到让你兴奋的程度，但你对它们的感觉是与生命相同的，你感觉到了它们，就好似抛硬币一样，只不过硬币的两面印着生与死。这种发生在人们及我自己身上的情况，都能引起我的特别关注。每天早晨醒来那一刻，我的感觉总是很奇特。

西 这与你的观点并不相符，实际上你觉得自己乐观吗？

图 60　图 59 中间的画面。

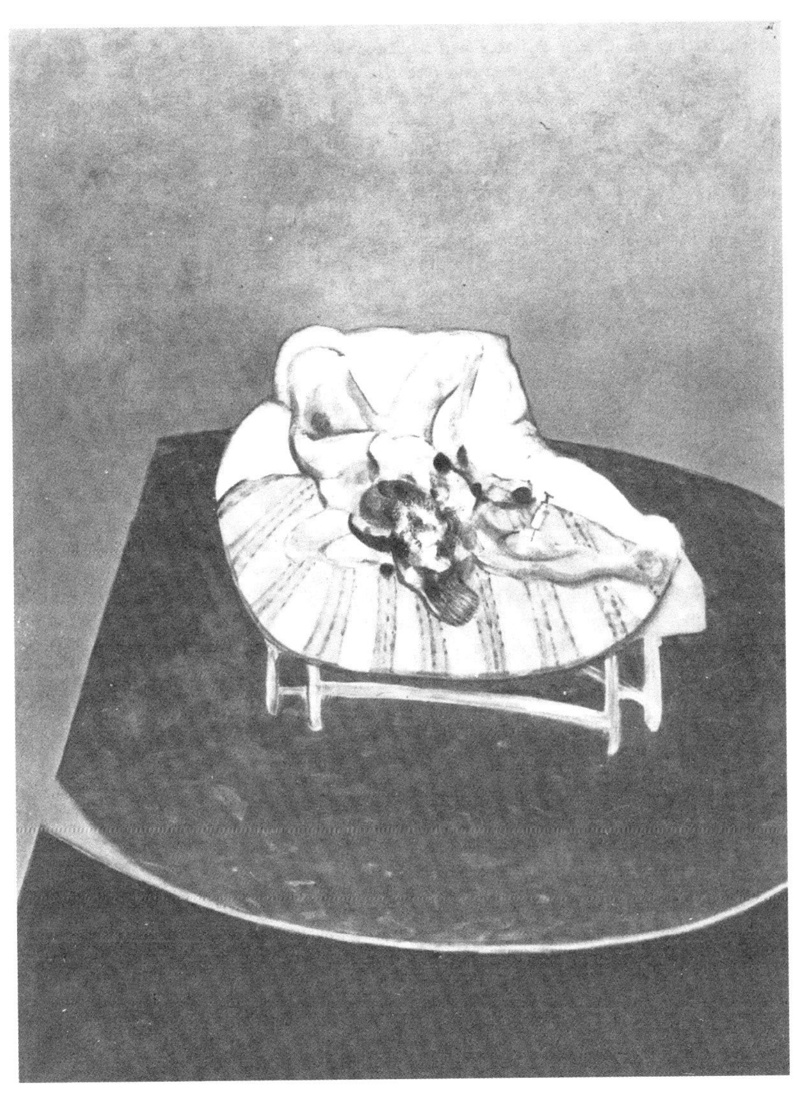

图 61 《卧着注射的人》，1963 年。

培 你可以既乐观又不抱有希望地生活。一个人可以天生不期望任何事，而乐观却能组成他的神经系统。我也一样，生死间的短暂我一样能察觉到。对此，我的意识一向都很清楚。这种感觉我想也在我的作品中有所体现。

西 确实，在你作品中能看到。

培 是不是比当今的其他画家要多？

西 这是当然了，现在画人物的画家不多。但我感觉也有不少。在看你画人物时，人就好像他们正观看某个危急时刻，那些真能给人必死时刻的感觉或意识到动物天性的时刻，那一刻，也许能称为对自己根本真实的认识的时刻。

培 所有的艺术都有这种特质吗？

西 可能真是这样，伦勃朗不也如此吗？

培 我发觉能吸引我的艺术大概都这样。希望“不一致的问答游戏”不会成为我们交谈的内容，因为它让我们这样熟悉，乃至任何事情都要用它来解读。

西 嗯，我们观看雷阿诺的作品是绝对感受不到这种特质的。也许你认为他的作品并不会让我感兴趣。

培 我认为他画的风景画是最美的。但是，我不知道自己是否喜欢他的人物画。若是从生活态度的角度看，如果有人和我一样——也许是你，那么，那个人就能体会到那种特质，在一幅满溢着午后温暖光线的浴者图中甚至就能感受到。所以，在某种角度上雷阿诺让我感受到了，就好像是埃德加或委拉斯贵兹给我的感觉一样。当然了，委拉斯贵兹会让人们对此感受更强烈。对于这个原因，我不确定是否因为委拉斯贵兹老于世故。宫廷社

图 62　委拉斯贵兹，《菲利浦·皮洛斯培王子》，1659 年。

会里，他明显能够做到左右逢源，也许，在当时的宫廷里，他是唯一老于世故的那个；可能这就是国王坚持留他在身边的原因，起码有他在，生活会很有朝气。但委拉斯贵兹的所有画都能让你体会到他感受到的激情，就算是那些美丽的事物也是如此，那些人物结构完美，画中同时还加入了莫奈般的色调。生命中的阴暗面，随时都能被你察觉（图 62）。

西　对于必死命运的暗示，委拉斯贵兹、埃德加或伦勃朗跟你有不同的表现方式，你的作品传达了恐吓的信息，总是让很多人觉得有种明确的东西或暴力的威胁在内。

培　也许这是有原因的。一九〇九年我出生在爱尔兰。我的父亲是赛马训练师，我家附近有沼泽地，不列颠骑兵团也在那里驻扎，对此我记得很清楚。一九一四年初战争爆发了，他们进行大规模的演习，驾驶着我父亲的马车。在战争期间，我被带到伦敦住了很长时间。因为父亲在陆军部任职，所以，我很小的时候就有了危机感。后来，我回到爱尔兰，在“新芬运动”期间我慢慢长大。我和祖母同住了一段时间，她经历过数次婚姻，还曾与基尔代尔地区的警察局局长结婚。我们的住所被沙袋圈了起来，当我外出时，经常能看见马路被一些壕沟截断，它们是陷阱，等待着汽车或马车或者别的什么到来，狙击手埋伏在一旁。我十六岁左右去了柏林，而柏林在一九二七年到一九二八年的景象我自认为也目睹了。那个城市很开放，也可以说充斥着暴力。也许因为我来自爱尔兰，所以给我的感觉很暴力。在爱尔兰，暴力与情感无关，它主要是关于军队方面，但是柏林的暴力，纯粹是感情上的。离开柏林后，我去了巴黎。战争在一九三九年就开始了，在那个兵荒马乱的年代，我一直在巴黎生活。这就是我说习惯居住在暴力形式里的原因了，或许这能影响到一个人，也可能根本没有任何影响，但我想多半是会有影响。但存在于我生命中和所居住地的暴力不同于画作中的暴力。绘画中的暴力与战争完全没有关联，而是与重现真实本身联系紧密。真实的暴力不是简单形式上的，比如你说一朵玫瑰或某样东西很粗暴的那种，它是影像本身具有的暴力，而且它只能通过颜料来传达。我注视桌子另一端时不仅看见你，还看到了你的人格，另外还有一些其他方面。就像我想在肖像画中做的那样，把这些都加进画里，这意味着暴力将会通过颜料呈现出来。幕后是我们经常待的地方，这是一个能起屏蔽作用的地方。我偶尔会想，当我的作品被人们觉得暴力时，可能是因为我总能扯掉一两层的面纱或帘幕吧。

西 我很清楚你对于作品中是否叙述人类的天性持无所谓的态度，你在某方面与蒙克（图 63）那样的艺术家不同。

培 我确实不关心这些。我想的只是尽量把存在于神经系统上的影像用真实的手法画出来。甚至它们的一半意味着什么，我都不知道。我并没有去说什么。也许知道别人是否在说什么，但我确实没说什么，因为我也许比蒙克更注重作品的美感质量。除了极度腐朽的艺术家会诉说，我不知道有哪个艺术家会这么做；也许我能想到的只有富塞利（图 64）了，也许诉说这回事，也只有像他这样的人才会干。

图 63　蒙克，《呐喊》，1893 年。

图 64　富塞利，《亚里阿尼观看希苏斯与人身牛头怪兽的格斗》，约 1815 年。

西 很多人对你作品的看法，或许都是认为在诉说某样东西，因为在艺术中发掘故事是人们爱干的事。特别在我们这个时代里，他们对艺术中的故事更是如饥似渴，所以当你的作品有那样的艺术出现时，他们会情不自禁地编排故事。

培 没错，的确是这样。

西 贾科梅蒂（图65）身上也发生过这样的事情，他作品中的人物被人们称作“存在的人”。

图65　贾科梅蒂，《迪亚哥头像》，1955年。

培 他的看法是什么？

西 这让他觉得很蠢，他说自己只是想要把看到的东西复制出来。

培 确实是这样。

西 换个角度来说，他并不只复制看见的东西。由“看”所生的复杂感情已经被他具化了，特别是你在与某个人对视的时候。也许除了表象外，你的作品你认为核心在哪儿？请告诉我。

培 我这一类的灵魂，是我拥有的一种绝望，也可以愉快地表达为令人兴奋的绝望。

西 你以前说想要做雕塑，现在没这个想法了吧？

培 我想可能不会做了，因为我发现一个让绘画呈现出的影像比雕塑更好的方法。我还没有付诸实践，但把它们用雕塑的方式思考，我忽然知道怎样做才能让绘画表现出来了，而且更让人满意。那会是一种结构的绘画，影像从肉体的河流浮出水面。这听上去很像一个罗曼蒂克的想法，可能有点儿无可救药的感觉，但我的态度是认真的。

西 那种造型是什么样的？

培 已经确定它们会从某个结构升起。

西 包括多个人物？

培 对，也许人物会沿着一条高于自然环境的道路活动，影像如同在一座肉池中升起，条件允许的情况下，会用些特定的人物做日常行走。那些人物从自己肉体升起的时候，我希望是戴着礼帽或雨伞，而且要跟钉刑一样犀利。

西 你会用单一画面还是三联画？

培 都有可能。

西 除了两次例外，直到现在你作画用的都是直幅，从未用过横幅，这么看来，若是你用横幅作画，那一定是三联画。关于绘画，你是否有这样一种影像，就是用同尺寸的单幅画布制作出三联画的画面呢？

培 是的。我现在一直在思考这件事情，也许，我很有可能会把画布的方向改变。做到这点，也许对我来说并不难。但是，必须要换个工作室才行，因为尺寸再大的话，就进不去了，现在的空间很紧张，哪怕大半英寸也进不去。但是，我并不是因为这些才画三联画的。

西 你在画三联画的过程里，是否把三面画布都立了起来？你是分开完成的吧？

培 是分开画的。但我清楚地知道怎样按比例的观点呈现它们，那么唯一要考虑的，就是怎样做一次小测量而已。

西 通常你是在一幅画完成的情况下才创作下一幅吧？

培 一般情况下是这样的。

西 如果完成了第三幅，那么你会对前两幅进行修饰吗？

培 会。

西 你近几年的作品多数都是三联画。当然了，一九四四年你创作的三联画（图 1）对你来说非常重要，因为，那是你平生创作的首幅三联画。但很奇怪，我印象中直到一九六二年，你只画了一组关于头像的三联画（图 66、67），我记得右边的画面被你当作一幅独立的作品来处理，而我试着以六十英镑的价格帮你把它推销给几个经销人，结果都没成功，尽管那幅画在你最好的作品之列，后来你才把三幅画面补齐。过去的十年里，你画了很多三联画，是什么吸引你如此热衷于这种形式呢？

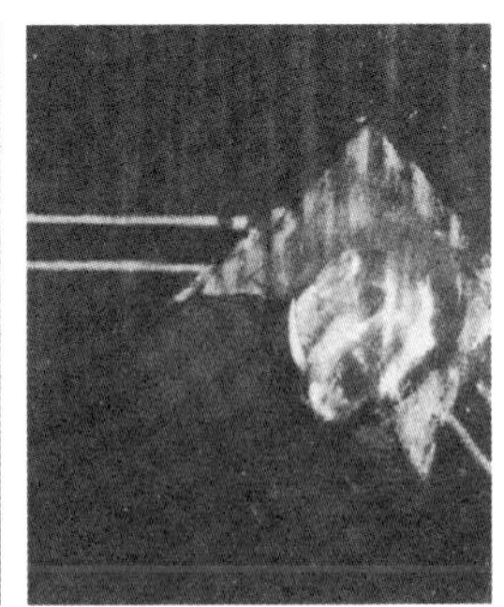

图 66 《三幅人类头部的习作》，1953 年。三联画。

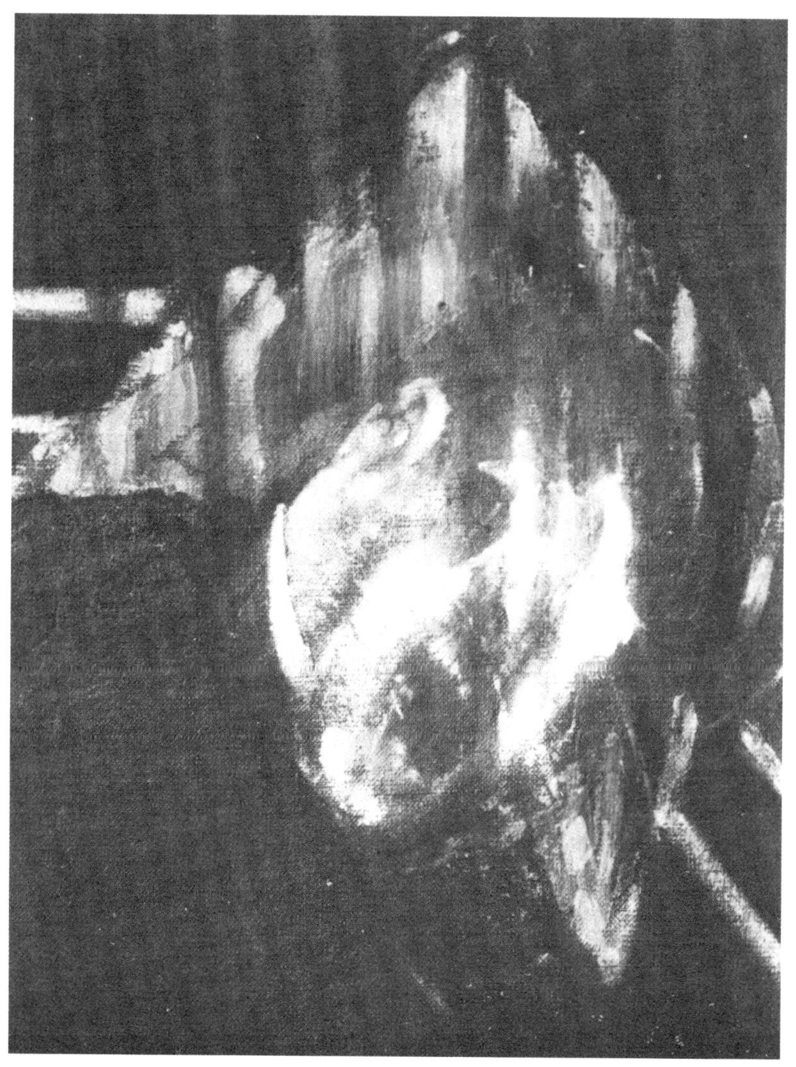

图 67　图 66 右边画面的细部。

培 我观察影像的方式是系列化的。当然了，也可以是五联、六联之类比三联多的，但我觉得它是个较为均衡的单位。

西 假如有人要求你在一个墙面上画六幅系列作品，而且会永久陈列在那儿，你对这种提议感兴趣吗?

培 对，很有兴趣。

西 可你认为在系列单位中三联画就已经够了。我现在对你说的大尺寸三联画中的平衡有了大致了解，通常你会让左右两幅画面在设计上雷同，甚至有时好似镜面影像一样，但中间的画面却是对比构图组成。但是头像的三联画却是并排的头像，很容易让人往一排头像的延伸联想，尤其是当你在四张画布上分摊四个同系列的头像的时候。你有一次让四个头像在一个画面里，好像照相机的底片似的长条。但四个或四个以上的头像多联画是你从未涉及的，这点很有意思。

培 我有过这么做的想法。从其他方面来说，我用如同警方做记录的手法来处理三联画：两边是左右侧脸，中间是正面（图 68）。

图 68 《为伊莎贝尔·罗斯颂所画的三幅浅色背景习作》，1965 年。小型三联画。

西 关于三联画，我觉得分别把每个画面裱框对你来说很重要。

培 是的，因为发生过一些让人不舒服的事情，例如，我在巴黎举办展览的时候，古根海姆博物馆外借了《钉刑》三联画（图 7），但所有的画面都被他们裱在同一个框里。这完全是在毁那件作品。于是我给他们写信，告诉他们画面没在一起是因为我不想让它们在一起。我希望它们各自在不同的框中。如果它们被摆在一起，那就是对平衡的破坏，若是我想让它们在一起，就不会用这种方法作画。也不知道他们改了没有…… 我觉得不会改。他们总觉得自己最懂。

西 说起展示作品的方式来，你觉得玻璃怎么样？我知道你喜欢用玻璃裱画，但画面如果出现大面积的暗色，会让你看见自己、家具或对面墙上的画的倒影，而绘画本身会变得难以看清。对于那些倒影你的态度是被迫接受吗？或者那正是你想要的？

培 我并不想要让倒影出现，但我觉得在可以接受的范围内。因为我不用凡尼斯[①]或类似的东西，而且我的画也很平坦，所以我用玻璃，因为它能让画面更统 。它能制造出画作与观众的距离感，这点我很喜欢；它能起到极大的将主题拉远的作用，这让我很喜欢。

西 那么，与倒影能替代画中的造型，从而增加混杂效果无关喽！

培 非常奇怪，甚至玻璃中伦勃朗的画都让我喜欢。从多方面看，倒是真的很难看清。但你照样可以看它们。

西 你可能觉得如果有倒影的话，人们就不得不更用力地看。有这

---

① 凡尼斯：一种树脂溶液，用来作为颜料的保护外层。

个因素吗?

培 并不是这样的。是距离，作品与观众被隔离开来。

西 你在看杜尚的作品《大玻璃》的时候，房间里的人与其他画也能通过倒影让你看到，那些倒影成了玻璃上的造型。从某种意义上来说，你用玻璃的时候，那些倒影已经产生了混淆。但你的说法我能理解，你没这种企图。

培 我没有杜尚那样的企图，他做得也很合理。但不合理的是要在暗色面里显出观众的倒影，这没有任何意义。这种情形让我觉得是不幸的，很希望不反光玻璃能被制造出来。

西 但是现在知道的不反光玻璃会有雾面效果。

培 如果用有机玻璃的画并不会有很多倒影产生，但它会从画布上吸颜料。你擦它的时候，可以用反磁性的东西，但作用不大。

西 听说很多私人收藏家，把你的画从玻璃中取出来。

培 对，现在流行直接看画。他们要取下来是他们的自由，我管不了。

西 你喜欢自己的画被私人收藏还是被博物馆收藏呢?

培 这真没什么可介意的。我更注重空间，根据两者的空间而定。我觉得充足的空间能让我的画有更好的效果。

西 那么它们在谁手中并不让你介意对吗?

培 是的。它们已经被拿走了，我知道自己喜欢或不喜欢那幅画就够了，对于它们能否被看见或是该不该被赞赏，我并不关心。因为这对我来说完全没有意义。当然了，若是有人喜欢它们，我会高兴，但这不表示我会为此烦恼。我想的确有些人会关心自己画的去向，但不包括我，真的。也许我不是那种具有公德心的人吧。我无所谓。如果某天我为此而后悔，也许是因为我最喜欢的东西被人买走但又把它毁了，比如类似把它烧了之类的事情。

西 你后悔的原因是什么？

培 因为从我的角度来说，我希望我的画能在我死后留下最好的影像。

西 为什么？

培 单纯的虚荣吧。这件事谁也说不清，因为人终有一死，但假如我的画能留传下去，我希望它们能被保留得最好。

西 那么说，对于作品能否被看见你还是有些在意。

培 如果我说在意的话，从我的角度出发，是因为我创造的某些影像对我来说有某种作用，你也可以理解为我在意的是它们中能留传下来的那部分。但假如我理性地思考一番，就会发现这种想法是很愚蠢的，因为终究我对它们全无所闻，而这不就跟那些终生忧虑自己作品好坏的人一样了吗？未来是不可预知的。而时间是唯一能做出伟大评论的人。

西 这么说的话，举个例子吧，莎士比亚已经死了很久了，但他十四行诗中最后的对句反复地证明了其阅读价值。

培 对，正是这样。

西 留传下来的艺术作品有它矛盾的地方，我想说的是，艺术在当今的社会中，祭祀或教化的目的已经彻底消失了。而必须要通过制作才能解决的难题，以及解决它的快感与创作本身成为创作的目的。如此看来，最后只是把活动的残余留了下来。但在现在，艺术家真的会把已经制作的东西毁掉，但对于作品被保留下来，他们普遍还是乐见其成的。

培 不该毁掉作品的理由有两个：第一，你很富有，怎样生活全凭自己喜好；第二，你也可以理解为，对于自己是否会陷入“不朽”的思维怪圈中，谁也说不清。毕竟艺术家这个称谓也就是种虚荣而已。“不朽”这种吃力不讨好的想法，终究会把虚荣冲刷殆尽。若是有人觉得自己能让别人的生活变得丰富，那么这种想法是虚荣的。当然了，我们得承认那些伟大的艺术品确实让我们的生活变得丰富。少数人遗留下来的伟大事物，确实是一个让生活更丰富的途径。艺术创作真的是种很自负的职业。

西 与二十年前相比，现在的你更希望留存下的作品更多吧。

培 我只希望作品更好。

西 我想你现在创作已经不需要受经济因素的制约了，现在你的画价值很高，一年画几张就够生活了。

培 对。

西 那你明显认为现在的画很有保存价值喽？

培 我希望自己画得更好。

西 好作品在过去通常都被毁掉了。因为好作品会让你有想多努力的想法，但结果是颜料变得死板，几乎挽救不了。那么这种情况现在几乎不再出现了吧？

培 我的技巧更丰富了，你说的那种想要更好而毁了作品的窘境，已经不再困扰我了。现在，我对颜料的应用更顺手，不会陷入无法挽救的局面。我会继续画下去，但与年轻时相比，现在的我作画更依赖机运。比如，我会在画布上抛洒大量的颜料，但接下来会发生什么我也不知道。比起以前，现在我更常这样做。

西　你抛洒颜料的工具是刷子吗？

培　不，用手。颜料被我挤在手里，然后我再扔出去。

西　以前我记得你总是用块破布。

培　我现在也常用。一切能用的我都会用。清洁剂、扫把等所有我认为画家会用的我都用。所有东西对他们都是有用的。别人我不确定，但伦勃朗就用了许多东西。

西　假如影像在你抛洒颜料的时候达到一定程度，你会继续推进吗？

培　我会，但我不能靠意志推进。我只是希望在把颜料丢向成品或半成品的影像时，能达到重塑影像的目的，或者能让我继续画下去，继续带入颜料。反正对我来说，能让我置身于更大的热情中。

西　接下来的问题很难回答，我理解，因为想用一般的方式作答很难。但总的说来，你在一幅画面的创作中是否经常性地抛洒颜料，把这种行为都集中于几个小时内，还是什么？

培　这确实不好回答。也许它总发生，也许一次就够了，那么我就不必再继续丢颜料了。

西　那么清洁用的刷子、破布等是怎么回事？你一直用破布，对吗？

培　对。

西　为了把之前画在上面的颜料擦掉？

培　不是擦掉东西。当我把浸满颜料的破布抹过影像时，会自然地留下网状纹路的色彩。我随时会用破布。

西　对于自己作画的进展程度你是否清楚，是否能不被练习打断而自由用笔？

图 69　杜尚,《三个标准中止》,1913—1914 年。

培　那些练习就被我当作分割作画的过程。我总想试着把作画过程分割开来。在我创作的时间里，一半的时间是用来打断那些对我来说容易的事情。

西　说到机运，有个例子与它有关，是杜尚在一九一三年发表的《三个标准中止》（图 69），他在画里用了三条线，每条长约一米，他把线从一米的高度垂落在三个漆着普鲁士蓝的画布上，然后固定住。不管怎样，这件作品展现的观念证明他是个不拘一格的天才，说起随机的话，也许杜尚能让他的清洁工去丢那三条线。但你会让清洁工进来把颜料沾在手上，然后在你觉得恰当的时间，指挥她向画布抛洒颜料吗？她的作用，很可能比较有效吧？

培 是的，很有可能。但她可能觉得这是件失德的事情，并且不愿意做。

西 你的意思换句话说，就是抛洒颜料的行为完全是随机而来的?

培 对。

西 但如果把抛洒时间、颜料的色彩、浓度等告诉别人，即使让他老是抛洒有效颜料，那你不还是拥有大部分的掌控权吗?

培 我知道画面的哪一部分需要丢颜料，所丢的地方我能告诉他们。但我丢的次数已经这么多了，大概会更了解如何丢得准确吧。我并没有别人做不了这事的意思，或者他们有可能创造另外的影像，也许他们的影像更好。我也希望事情能这样，但我不认为这与我的画相似。比如，我很讨厌作品与那些随机的抽象表现绘画相像，尽管有严谨的方法，但我不用。我想让颜料看起来更直接。这么说也许很虚荣，但起码我偶尔会想，很幸运的是，颜料有种直接性，我觉得它看起来并不像抛洒造成的。

西 但细想下，这种机运的产生环境也能受到良好的控制。抛洒时刻的决定与颜料的各种选择，以及抛洒部位，把这些都放在一边，单说角度与力道的掌握都需要长时间的练习才行，这样才能对结果有预测。

培 颜料很难预料，它是有弹性的东西。它是种让人惊讶的媒介，它能做什么你无从猜测。我想说的是，即使你有意用笔刷画画，但情况依然是你不能预知的，它的走向你永远也无法确定。亚克力颜料的特性你应该很了解，这种颜料很多新一辈的画家都用。

西 你不用这种颜料吗?

培 偶尔画背景时用。

西 但如果凭借一些经验的话，你能对抛洒颜料的效果更了解，你不这么认为吗？

培 不一定。因为我就经常用破布或海绵擦拭抛洒过颜料的画布，这会留下另一种新造型。我要绘画无法规避地与那些记号相似。那种心不在焉的欧洲绘画让我讨厌。这就是我不喜欢抽象表现主义的理由之一。而且，除了抽象之外它所表现的轻率也让我很讨厌（图 70）。

图 70 《镜中的乔治·戴尔肖像》，1968 年。

西 跟你曾说的一样，把握机运利用它所得的结果，好似被控制过一般。然而，这些事实上确实经过高度控制，你会突然把画丢在地上结束一幅画吗？我想多半不会吧？

培 我会。最近画完的那幅三联画（图 71、72），人物肩膀浸在水槽里那处好像是一块白色的颜料。这部分是我最后一刻做的，而且它被留在那儿了。我也不知道在那到底合不合适，但在我看来它很合适。

西 如果你看它不合适，会用画刀刮掉吗？

培 会。背景是一层浅薄的普鲁士蓝与黑色混合的颜色，这决定了可以使用画刀。我会把它刮掉，重新上色。我会再次尝试，因为我想要它很薄。这次最起码我觉得看上去还不错。当然了，弗兰克·奥尔巴赫说过我所称为的意外根本就不是意外。那我应该怎么称呼它？

西 他说那是什么？

培 他也无法界定，除了意外与机运又能有什么叫法？他界定不了。

图 71 《三联画——1973 年 5—6 月》。

图 72　图 71 右边的画面。

你行吗？

西 有时候，我很困惑它究竟与什么相似，这种奇怪的感觉与打球很相似，当你拍球的时候，有种不是自己玩球而是被球玩的感觉。很明显，你目前所能依靠的，只有练习挥舞时的固定方式来拍打。假如有人在球赛中表现很好，那么你也会有比预想要好的表现与之对应。逆风会让你超常发挥，你也会惊讶自己如何做到的，难以置信自己的发挥。

培 对，就是这样。

西 我们很明显没法预先准备，时间不容许，实际上是没时间表现拍打本身。

培 这种情形在某方面对机运的发生起了促进作用。当然了，要以你对球赛了解的事实为出发点。光靠意志力来完成这事，你办不到。

西 嗯，绝对办不到。你会很紧张。但在艺术的创作过程中，人们总是进入恍惚的状态，而打球也是这样。我猜塞尚曾谈起过这种情况，因为他说过，如果他用大脑作画，那他什么东西都把握不住。你有事情进行顺利的那种恍惚状态的经历吗？

培 “恍惚”这个词我不喜欢，因为它与讨厌的现代神秘主义太接近了。我觉得可能这个词听上去有些夸张，你懂我的话吗？

西 确实是这样，这样说有些夸张，但我不知道如何说。

培 很难。

西 恍惚靠的是直觉的一种作用。

培 对。但一切艺术都该是直觉的，你讨论不了它，因为你连它是什么都不知道。

西 可这种直觉是建立在以培养、练习与知识为基础上的。

培 这么说我觉得没错。我们都知道，比如说儿童的直觉艺术，是种全然不同的直觉，而且结果变得让人很不满意。

西 当说到颜料的抛洒与操作之间的互动时，我曾问过你，假如你指挥清洁工去做，她抛洒的颜料能不能跟你一样好？但我现在想说的是，也许清洁工根本做不到，你与画布间肯定存在着某种连接的节奏，这是意识决定的，抛洒颜料与意识操控的连续动作是一个过程的不同步骤。

培 那种有人做得相同或更好的观点我并不排斥。这种情况我不确定是否会发生，我的看法是，有这种可能性。或许它会不同，也可能更好，又或者变得更坏。当然了，接下来要做什么他们并不知道。

西 当然如此。那么现在，假如某天情况都很正常，那么你会发现意识的活动进展得很顺利，这样的话，是否意外的活动进展也会很好呢？

培 对。有件事就是，当一人在绘画方面的意识活动时，张力会在一笔间彻底改变，特别对于油画来说，它是种流动的奇妙媒介。我的意思是，如果作画时用油画的颜料，那么可能随时会发生些事情，何为意识与非意识或者直觉的作品，不论你怎么称呼，我们都无法轻易区分它们。

西 好日子就是不做打算地把某些领域从生活中抛开的那段日子吧？

培 对，这是当然的。

西 我觉得那与认为清洁工也能达到同样的结果冲突了。

培 事情就是，假如你单纯地想要把被抛洒的颜料留住的话，那么也许他们能做到。但你想要继续下去，那他们就明显无能为力了。

西 但如果不继续呢？

培 这就没准了，幸运的话也许是种奇怪的把戏，没人能确定。

西 我们曾说起过轮盘游戏，说到你在桌子边的时候，你认为对轮盘有感觉，完全没有差错的可能。这种情况与绘画的过程是如何联系在一块的呢？

培 这中间的确有很强的关联性，对此很确定。而且毕加索曾说过：“我不必玩机运游戏，它一直跟我一起工作。”

西 轮盘毕竟不同于清洁工，它只是个机器而已。也许有人觉得，轮盘的运行规律是来源于机运法则的，但当你玩的时候充满了灵感，那游戏就变味了，它与机运法则的关联仿佛被切断了；但你也不清楚自己为什么总能在某个特别的时间捕捉到它运作的轨迹。

培 嗯，很奇怪，人们完全不了解它。就跟有次我玩轮盘赢了许多钱一样，起码我真的认为在小球掉落前听到了号码。这种特别的事情我也不知道是否就是所谓的超能力，也许仅仅是幸运一点儿罢了。

西 那绘画呢？

培 绘画与运气有关这件事情，我觉得人们不会真的知道的，这也许还是直觉或者直觉与意识等因素的集合体在发生作用。

西 那不是跟弗兰克·奥尔巴赫说的一样，压根不是意外？

培 有可能是一样吧。我并不了解弗兰克，他总是驳斥我。

西 他的意思可能是指，你所认为的机运与某种充满灵感的释放更加相似，其中的差异也仅仅体现在程度上罢了。

培 我清楚，有时绘画进程受阻，我会随意且漫无目的地用刷子涂抹颜料，忽然间转机就出现了。

西 听上去似乎让人无法反驳，但我还是要说意外永远都会发生的，但控制也永存，这两者重叠之处颇多。

培 对，我相信有很多重叠，是这样的。但机运带给你的东西完全不同于意志所带给你的。你通常不会满意于意志所涂的颜料。

西 因为用意志作画让人感到拘束？图像式的绘画跟这一样吗？一种谨慎、拘束？

培 图像式的绘画仅仅是把眼前的影像描绘出来，不是创造。怎么说呢？我也不知道，毕竟对于你不知道的也就无从谈起。比如机运，假如有人觉得不是机运也非意外，而同弗兰克有相同的看法。若是说我不了解他们的意思，那也是因为我认为这种现象是谁都无法解释的，那同解释意识一样。你永远都不要奢望去谈论绘画，因为什么事情都不会是光绕着它谈而能成就的，若是你可以解释自己的画，那直觉你为何不能解释？

西 你并不能解释自己的画，谁都无法对自己或他人的画做诠释，但对于你自己的画你可以帮助我窥得端倪。

培 我不知道如何评价自己，也不知道是如何做出那些特别的造型的。我不觉得这是因为自己的天赋和灵感，但我就是不知道。也许我是从某种审美眼光来看待它们。我知道自己要做什么，但如何做却没有头绪。我感觉它们很陌生，仿佛从没见过一样，完全不知道它们来自哪里，而画布上的记号发展出那些特殊造

图 73　毕加索，《山丘上的房子》，1909 年。

型的原因我也不知道。而后我想起自己要做的且去做，然后，我试着按自己的想法来推动这些非理性造型。

西　对于现代派的艺术家，我觉得他们通常让人有种在不自知的情况下完成作品的印象。比如毕加索与布拉克晚期的分析立体派作品（图 73、74），画面上的东西大概让人很疑惑，你能相信他们知道自己做的是什么？也许他们建构了理论上的理性，起码能从早期的分析立体派绘画里看出事物发生的条理，对于造型间的关系与位置的变换你多少能从真实的画中分析出来。但末期的分析立体派作品，你简直无法分析它与真实的关系，因为这关系太过神秘了，会给你一种艺术家自己也不知道在做什么的感觉，他有种正确的直觉，且是唯一工作的感觉，而且工作时的他是疯狂的。

培 确实，这造成了当前绘画的困难，若画家不知道怎样做，那所能做的也只剩下捕捉真实的神秘性了。他的热情引领自己，也许他甚至连这些记号怎么画都不知道……我不了解立体派的画家怎样，对于想要做的是否自知。就像你说的那样，我们能真实地从早期的分析立体派作品里看到山坡上的城镇等，尽管城镇是立方体构建的。但晚期的作品，对于想要做什么，毕加索好像知道，但不知道怎样做到。这点我也不了解。我只知道自己要做的，但不知道如何做。因此，我总希望意外与机运成为自己能做到的理由。所以幸运、运气或直觉与精密知觉间是种持续的关系。因为靠着精密的知觉，直觉已经告诉你，怎样通过既存的造型与意外让你想要的东西具体化。

图 74　毕加索，《有小提琴的静物》，1911—1912 年。

西 当然了，你已经把想要的东西具体化，你立刻就能知道吗？还是要等一段时间才能确定，比如几个礼拜或几个月？

培 工作顺利的情况下知道得很快。比如一九七〇年画的那幅橘色三联画（图 75），我记得你说过很喜欢这幅画，在中央画面里有张床，床上有两个人物（图 76）——我有意识地将他们放在同一张床上，我知道自己想让他们交媾或者鸡奸——随你怎么称呼，但我不能表达出我对这件事的那种强烈感觉。所以，这个影像我只能等待机运来完成。我想让影像呈现的造型是床上的两个人物从事性活动的这种知觉凝集，但结果是我彻底空虚了，而那些我常信手画出的记号则成为我唯一所能依赖的东西。而后我把精力投注在所谓的既存造型上。从某种意义上说，那些造型你若仔细看的话，很不具体。我总尝试分析原因，若影像形体得到的方式是非理性的，那样好像对神经系统的触动更大。这种方式比理性方式也许更能激烈地呈现真实表象，但原因是什么？可能是因为对直觉的依赖程度决定了影像的直接性吧。

西 可是作画除了需要自由与直觉，你说过的精密知觉也是不能缺少的。艺术在我看来就要能放手做，还要知道何时停，这两点的神奇集合体就是艺术。

培 我还有件事要说，就是我喜欢符合形式的艺术，真的，从某方面看，也许是年纪越大，我就越想画更自由且更符合形式的作品。这是另一个难题。但我觉得你把事情的主题点明了。我记

图 75 《三联画——人体的习作》，1970 年。

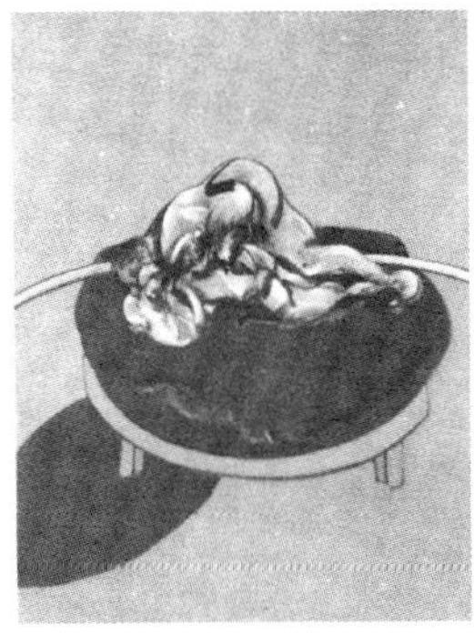
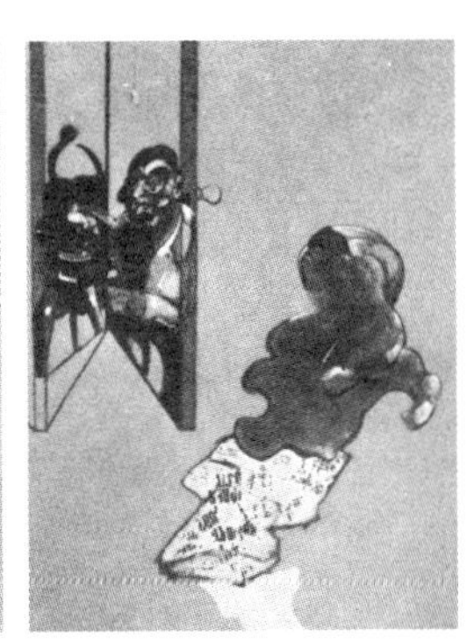

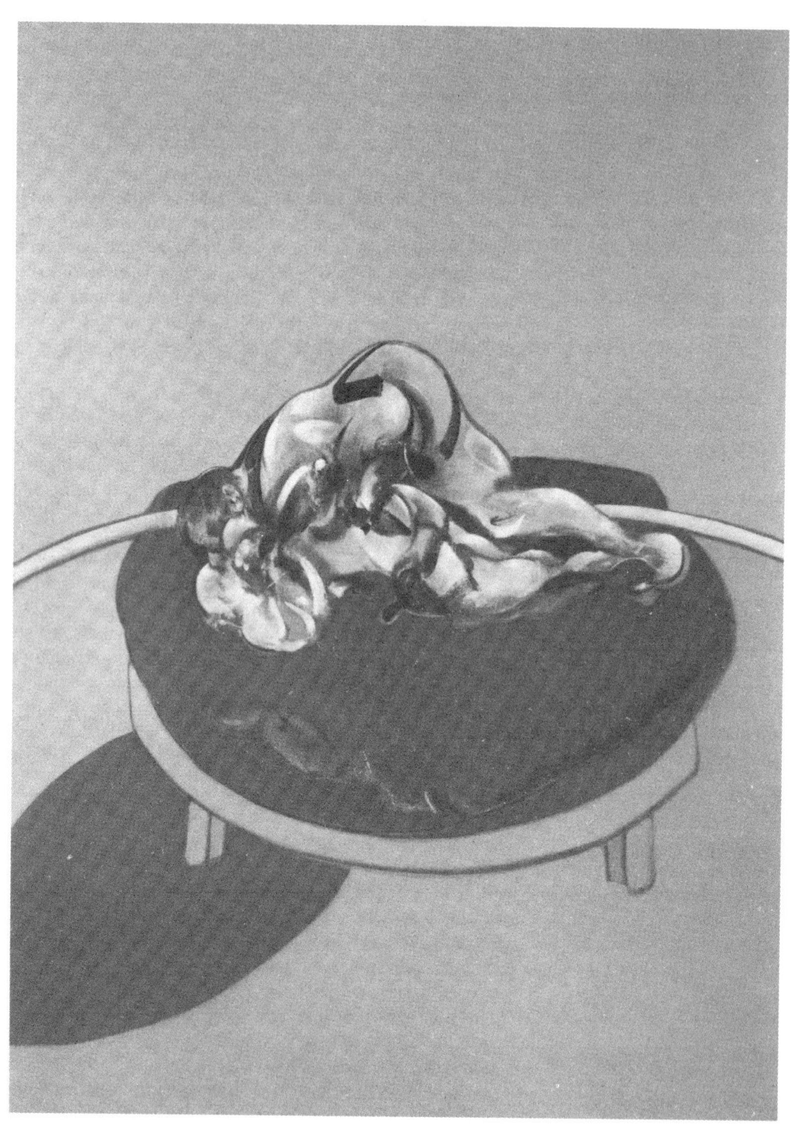

图 76　图 75 中间的画面。

得杜尚曾在一九五八年发表过一场精彩演说，地点好像是在休斯敦吧。

西 我看书架上有没有。是这本吗？——“对所有的表象来说，艺术家扮演的角色就是灵媒，他在时空外的迷宫里，寻找去往净土的道路。”

培 他说的“灵媒”就是你说的“恍惚”。

西 “若我们从艺术家身上看到了灵媒的特质，我们在美感的层面上，就必须要否认他们在具体意识情况下的作为，以及这么做的原因。他在从事艺术创作时说的、想的或写的，所有的一切判断都单纯地由直觉决定，而不是自我的分析。”然后他说：“艺术家在创作活动里，通过连续的主观反应来实现意图。他为了实现意图而在一系列的努力、痛苦、满足、取舍或决定间徘徊着，从美感的层面上说，这些不能是、也肯定不都是自我意识的。”

培 对，它们不能，并不是它们必须不是这样的，而是它们根本就不能。

西 杜尚的这些话能帮我们理清谈话内容吗？

培 不完全是。这两者间还有具体差异。杜尚的作品象征性的占多数，但我觉得他做的象征性是属于一种表象的。我认为在某种意义上说，若从速记的表象这个观点出发来看他的作为，他是二十世纪中期的神话。举个例子吧，我现在想画的是肖像，而这幅画与所谓的图像式影像全然无关；它们的完成方式完全不同，但还具有表象。现在，对我来说，绘画的奇妙之处在于，如何完美地呈现出表象。我知道，也许表象可以是图像式的或是摄影的，但是，你如何在制作过程的奥秘里捕捉住表象的奥秘呢？那种制作方式是非逻辑的，一种想让成果符合逻辑的非逻辑方式，从某点来说，你想要把完全真实的东西用非逻辑的方式做出来，而且是忽然间就完成了。如果是以肖像来说的话，那么就是你希望人物是能加以辨识的。

西 你试图制作一个表象，要这个表象尽可能地不受到表象是什么的可接受标准影响，我这么说你觉得恰当吗？

培 很恰当。继续深入讨论“什么是表象的”这个问题。这可能会对表象是什么或它的标准是什么有所涉及，而关于表象的制作问题却是件奇妙的事情，这点是毋庸置疑的，因为你能意识到表象会透过一些偶然的笔触鲜明起来，这是其他可接受方式办不到的。我总想要通过机运和意外发现表象，然后发展它，创造出其他的新形体。

西 这些新形体很重要。

培 对。若是说创造了什么，这也是由于新形体暗示着它。比如你画张嘴，我想说的是你偶尔也会疑惑它是那个样子的原因，我的意思是你能画张嘴，而且是横过脸部的嘴，看起来像是整个头部开了个口，但它还是嘴。而我在试图画肖像时的理想却是，满手沾满颜料，然后甩在画布上，而后肖像就自己浮现出来了。

西 我了解你希望自己的作品用这种方式完成的意愿，但你真的想这样做吗？

培 嗯，我总做这种尝试。但要达成的话，永远不会那么简单。而这正是我为何希望如此的原因，这你应该是清楚的，若是你让别人帮你刷墙，通常情况下他刷的第一下会比完成任务更让他兴奋。虽然我也许会用传统方法，但它们要用不同方式来为我工作，要跟以前或是原来的设计区分开来。并不是我想要用那些所谓的前卫技法。很多与前卫有瓜葛的人在二十世纪都想创新技法，但我没有这种想法；这可能因为我同前卫毫无瓜葛。但是对于特殊的技法，我一直以来也没发觉自己对它有需求。我认为杜尚是仅有的一个不断改良技法的人，他做得很好、很成功。尽管我用的技法是所谓传统的，但我还是用它尽量尝试创造出不同的新东西，那是这些技法从未做过的。

西 它为什么要不同呢?

培 因为我有不同的敏锐度，若是我尽可能地与自身的敏锐契合，那么创造出的影像在真实度上很可能更高。

西 你还会像从前说的那样对创造一个完美影像坚持不懈吗?

培 现在的我不会了。可能是年纪大了吧，我越发想要把更广泛的领域囊括在内。这种感觉我不认为现在还有，这可能是因为我希望一直画下去，直到死亡的到来。假如你把一个完美的影像（图 77）创造了出来，那么你当然就没有了动力，也就什么都不想做了。

图 77 《有镜中人物的裸像习作》，1969 年。

访谈四

西 我有一个发现，在最近的这三四年里，你画的许多作品都能让我想起你曾说要做雕塑的事，特别是你这几年的裸像画。雕塑似乎能影响你绘画的方式，你有这种感觉吗?

培 对，我觉得可能性非常大。虽然过了这么长时间我也没有动手做，但对雕塑这个事更上心了；每当我着手去做的时候，就会有种“可能用绘画的方式能做得更好”的感觉。但我现在决定，用一系列的绘画把脑中的雕塑展现出来，然后看看它们变成绘画的样子。也许做雕塑这事，我最后真的会动手实行。

西 能把你心中的雕塑描述出来吗?

培 在我脑中的雕塑应该是在某种巨大的机械装置上构建的，而雕塑能顺着装置放入，甚至人们能根据个人喜好把雕塑的位置随意变换。机械装置的重要性虽然不比影像高，但也是不可或缺的一部分，这跟我常用在绘画中烘托人物的装置没有区别，我觉得，也许在雕塑中表现的犀利程度比绘画更高。

西 机械装置跟你绘画里有时用的那种轨道看起来相似吗? 打个比方，就好像那幅一九五二年画的蜷曲的男性裸像（图 78），或是根据迈布里奇的摄影于一九六五年画的女人与小孩（图 79）。

培 是。我想要制作轨道，材料必须是高度打磨的钢铁，还要在轨道上打上许多小孔，这样影像就能随时在各个位置被锁住。

西 那些影像的肌理与色彩你在脑中想象过吗？

培 在那之前我会与雕塑技术更高的人讨论一下，但我个人还是倾向于用薄层的青铜铸造，并不是那种塑料的，我感觉青铜能赋予雕塑重量感。我会给它涂上涂料，当作它的皮肤，看上去像是浸过普通涂料、带有沙砾与石灰所造成的肌理一样。然后给

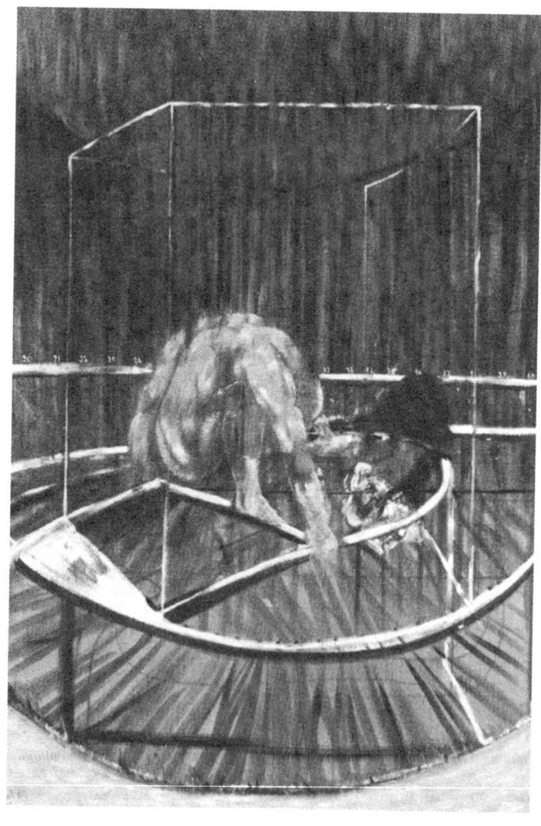

图 78《蹲身裸体的习作》，1952 年。

图 79 《根据迈布里奇的〈倒掉碗里水的女人与患麻痹症而以四肢爬行的小孩〉》，1965 年。

你的感觉就像是肌肉和高度磨光的钢铁。

西　它们所呈现的比例你感觉是什么样的?

培　机械装置在我眼中是个街道般的巨大空间，而影像在它的衬托下，就显得有些渺小了。那些影像应该是特殊的裸体人物；那些裸像在我看来，就是很有形式的人物影像，它们的姿势各不同，出现方式是单一或者成对的。即便我不会真的去做，但我肯定会用绘画做尝试；假如用绘画做到了，我希望用雕塑表现出来。也许我会画在画布的背面，这样会对影像在空间中的样子有一些概念。

西　当然了，那幅在一九四四年画的《为三件钉刑图台基人物所画的习作》(图 1) 的造型是定义十分明确的，也许它们可以被立刻做成雕塑。

培　它们被我当作欧墨尼得斯，我那时认为在钉刑图中，十字架下团绕着的一般人物应该被它们取代。我原本的打算是，在一个环绕着十字架的机械装置上摆放这些造型，机械装置被架起，十字架上的影像在中间，而这些造型围绕着中间的影像。但是，那些造型仅仅被我当作了一种尝试，我并没有那样做，这太可惜了。

西　你最近的一幅画，画的是一个在房间里对窗而坐的男人，还有一个幽灵般的人形立于窗外 (图 80)，你再次说它象征欧墨尼得斯。而我看那个幽灵，与一九四四年的欧墨尼得斯具有相同的雕塑特质。但画里的男人给我感觉，同你三年前画的百叶窗当背景的斜卧人物 (图 81) 一样让我吃惊，它们为目前的人物雕塑化起了表率作用。现在更复杂了，你通过色调来检验创造的

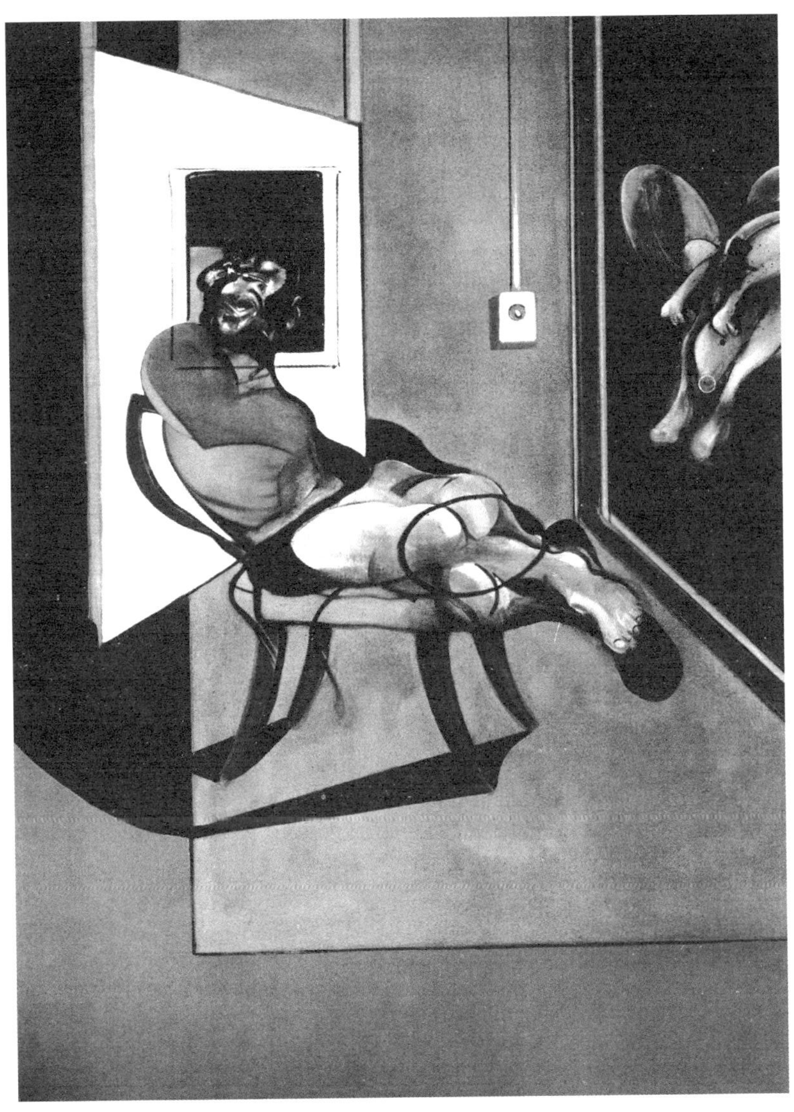

图 80 《坐像》，1974 年。

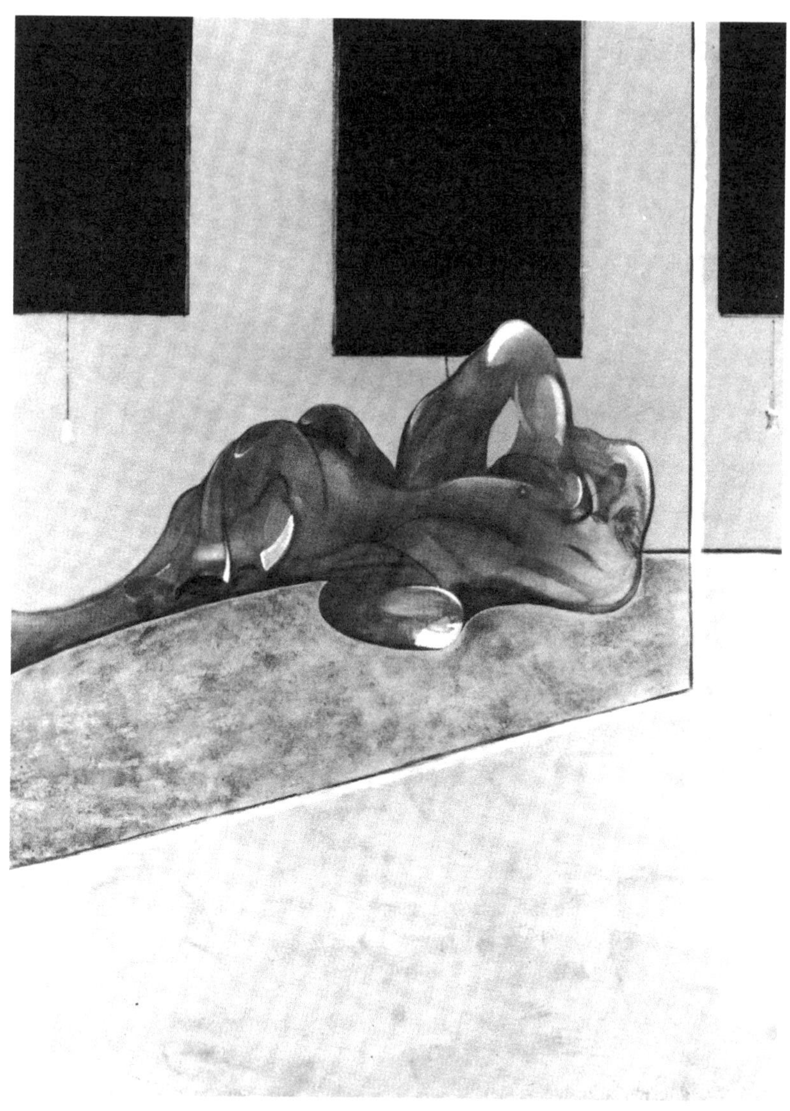

图 81 《镜中卧者》，1971 年。

雕塑造型是否明确，因而很多暗示与不明确产生了。但这些人物的可塑性很明显。

培 现在，我想要的是让绘画更雕塑化，我猜这也许是通过思考雕塑而产生的想法，但是，与要做雕塑的想法没关系。当我在作画中用到嘴巴、眼睛、耳朵的时候，影像能让我看到，它们完全可以更加真实，而且是非理性的，但这些效果怎样在雕塑上展现我还不知道。形式更强也更根源于人体的影像不断在我眼前闪现，这让我能更好地制作影像。雕像化的肖像才是我想要的，我觉得，这样创造出来的不仅是一个伟大的影像，也是个伟大的肖像。

西 伟大的影像和雕像被你联想在一起，这很有意思。也许这与你对埃及雕塑的喜爱有一定关系吧？

培 有这种可能。我觉得也许人类自古所创造的影像中，最好的就是来自雕塑。我想到了一些埃及与希腊的伟大雕塑。举个例子，对我来说，大英博物馆里的埃尔金大理石所具有的意义就很重要，因为它们看起来只是些碎片，所以这些大理石真实的重要性我不了解，但是，不管你看的影像是否完整，也许碎片就能给你犀利的感觉。我总是想起米开朗琪罗，他在很大程度上影响了我思考造型的方法。而且，他的雕塑作品我都很仰慕，但最吸引我的还是他的素描作品（图 82）。我一直认为，他在制作图的人里，即便不是最好的，也算得上顶尖。

西 我总是怀疑，米开朗琪罗自一九五〇年以来一直在你的内心深处盘旋，你的很多裸像画都能看出这点（图 83），他的作品原型是男性人物。你觉得是这种情况吗？

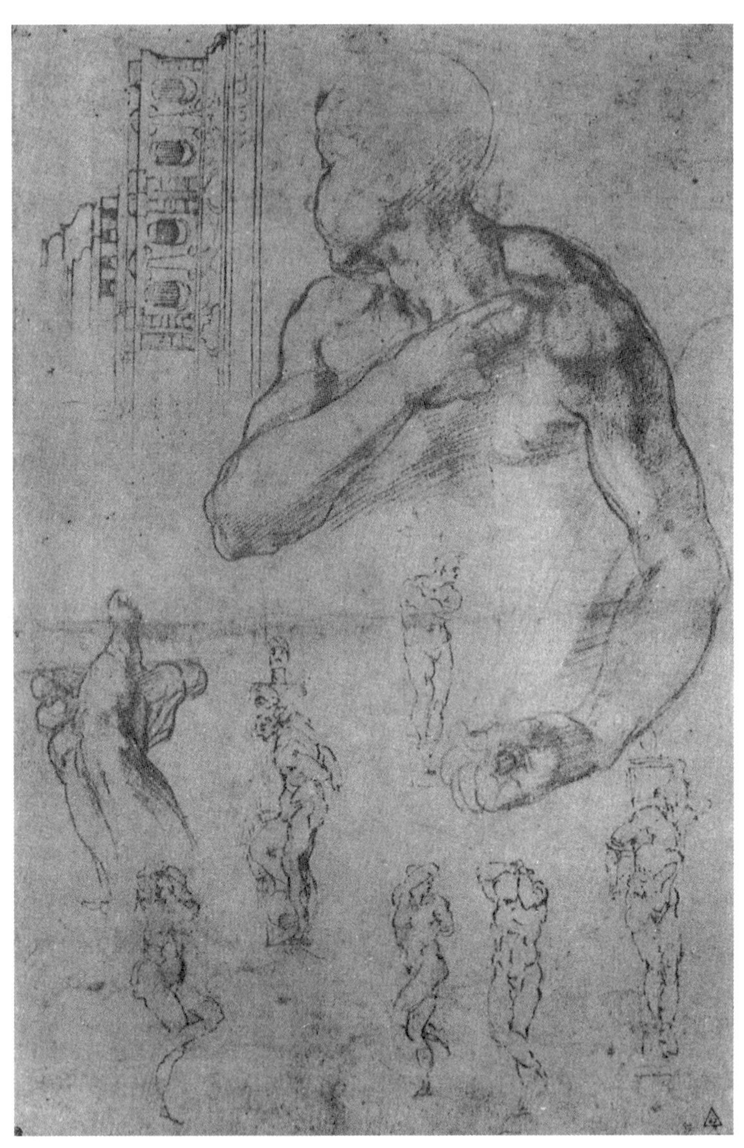

图 82　米开朗琪罗，为朱利乌斯二世墓碑所做的素描草图，1511 年及 1513 年。

培 没错，你也可以认为我心里存有米开朗琪罗与迈布里奇的混合体，可能是迈布里奇教会了我位置，而米开朗琪罗教给我宽阔及庄严的造型。对我来说最难的事，莫过于去区分来自二者的影响。但在我的画中男性裸像占了大部分，我能确定米开朗琪罗对我的影响很大，毕竟他曾经所创的男性裸像，是最具肉感的。

图 83 《绘画》，1950 年。

西 你是否觉得自己作品中的双人物，受到了米开朗琪罗某些纠缠在一起的人物的影响？

培 那些多数是受到了迈布里奇的启发，很多来自他的摔跤者（图 84），看上去他们几乎就是性拥抱的一些形体（图 85、86），如果你用显微镜来看的话会发现并非如此的。实际上这些摔跤者经常被我用来画单个人物。因为两个人物在一起的话，会有种浓度，这会让人产生额外联想，而这种联想则不会对单人照片产生。除了迈布里奇的人物摄影外，我也

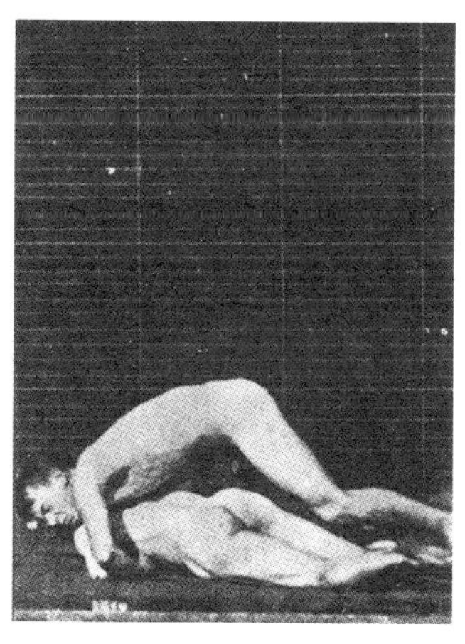

图 84 迈布里奇，《人体动作》中的照片，1887 年。

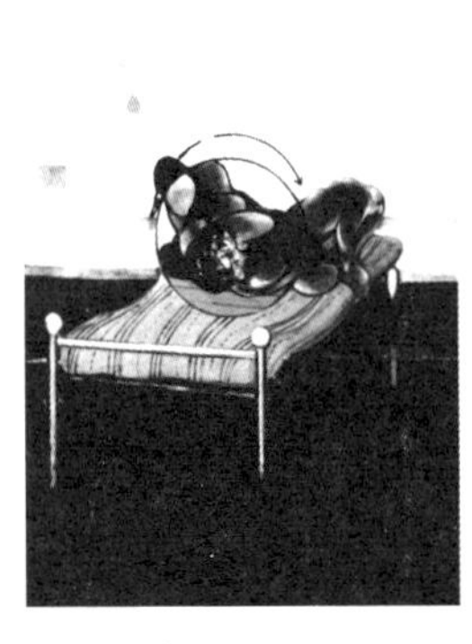
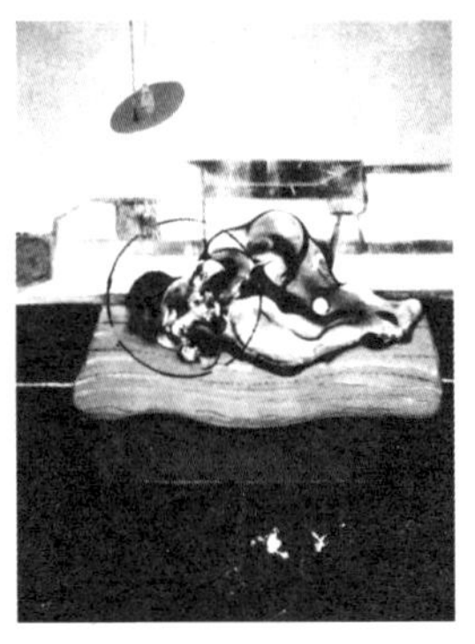

图 85 《床上人物的三幅习作》，1972 年。三联画。

常看杂志上的足球运动员和拳击运动员之类的图片，尤其是拳击手的。动物的图片我也看，它们的影像在我的画中与人物动作的影像一直都有紧密联系。

西 某些特定的人物与那些裸像也有着紧密的联系吗？它们多少算身体肖像画的一种吧？

培 说起这件事，这很复杂。熟人的身体往往会被我带入迈布里奇的人物上，因为我经常回想起他们，那些对我有特殊影响力的身体轮廓常常出现于我脑中。而迈布里奇的人体也被我用在熟人的身形上。当然了，对我来说，因为影像随时会被扰乱或是扭曲变形，反正最终的结果是某个特定身形的省略。我觉得有个问题是制作表象所避不开的，那就是究竟表象是什么。表象会随着你工作时间的增加，愈让你觉得捉摸不透。也许你会怀疑若把所谓的表象用另一种媒体来制作，那情况又是怎样呢？同等价值的表象是要在某个能够凝结色彩和造型的神奇时刻，因为，只有这一刻所谓的表象才会凝神集中。表象会在你眨眼或者转身回头的瞬间改变。

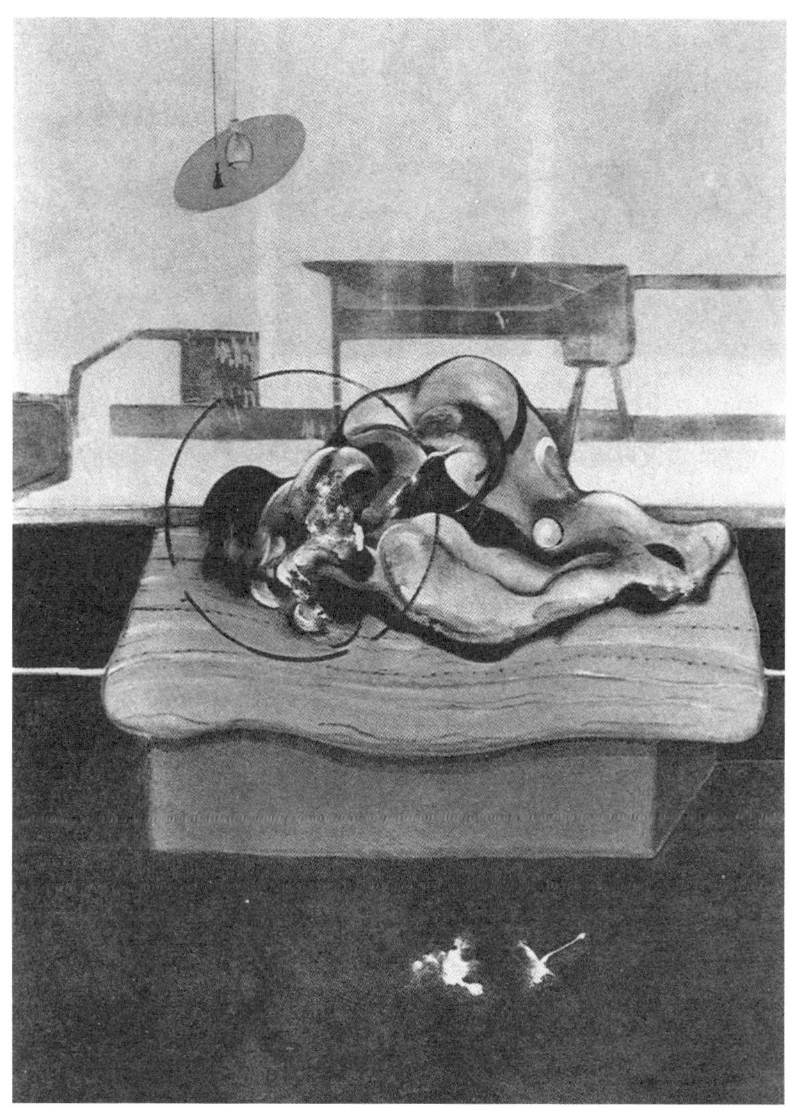

图 86　图 85 中间的画面。

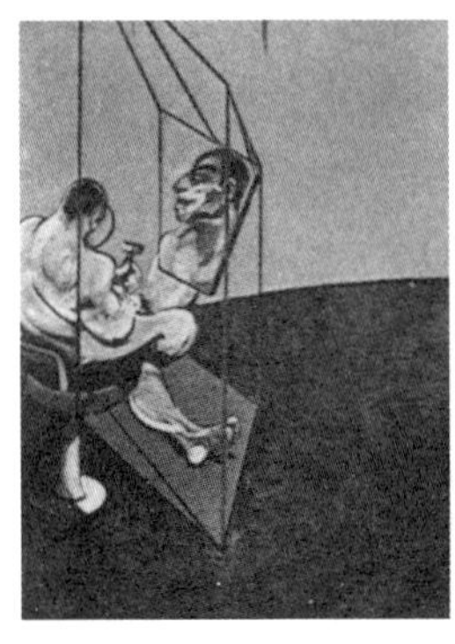
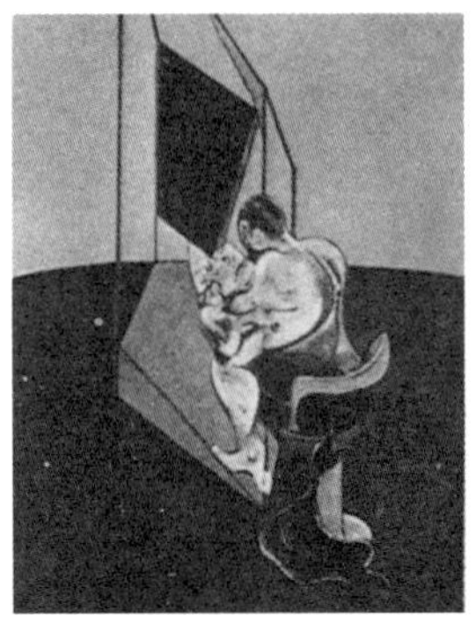

图 87 《三幅男性背部的习作》，1970 年。三联画。

我想说的是，表象是变幻莫测的、毫无规律的。当然了，雕塑上的表象问题也许显得更加尖锐，因为所用的材料不具备油画颜料那样的流动性，所以难度在无形中增加了（图 87、88），而事物的解答往往随着难度的增加而变得更有深度。

西 我觉得，似乎你在绘画时很不顺利，也许因为造型在你的期望中要同时具有明确与模糊的概念。一九四四年那幅《为三件钉刑图台基人物所画的习作》中，你为清晰简明的造型添加了一个明亮、坚硬的背景，整幅画看起来很协调。而后在处理造型的时候，也是如同“绘画一般”，也正因为如此，背景显得更柔和，更加具有色调，常被遮盖着，但是这些全部的东西，看上去都是恰到好处。而后那些遮盖被你去掉了；你想融合“绘画一般”的造型，所以颜料显得越加混乱，再加上背景尖硬、平坦而又明亮，只有这样你才能把两种对立的发明狂暴地并置。

培 我对于影像的制作，越来越趋向于更单纯而又兼顾更复杂。假如背景很统一、清晰，那么就会有坚实的效果。我觉得这个就

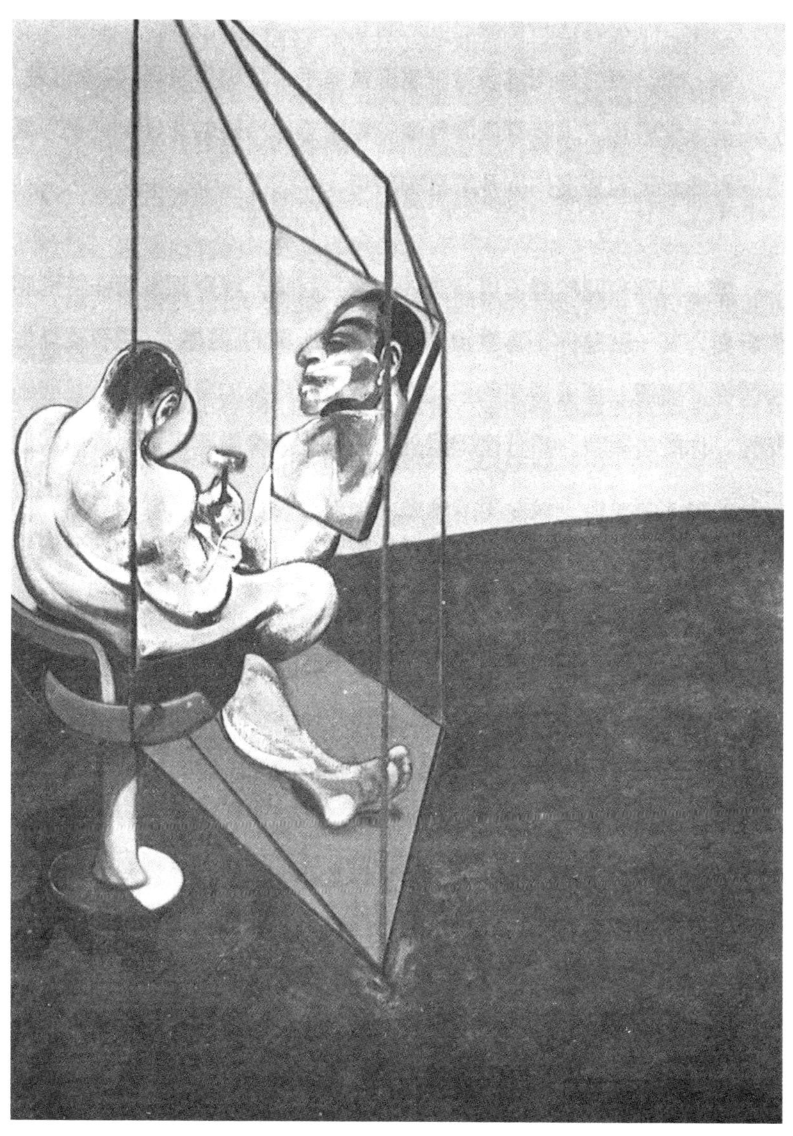

图 88　图 87 左边的画面。

是我总用清晰背景的理由，只有在这里面，影像才能够自我表达。

西 我感觉，你这种做法不会被其他画家采用，只有你会想溶解“绘画一般”的造型与生动、直接的背景之间的对立。

培 也许是家庭的氛围我并不喜欢吧，总是让我感觉“绘画一般”的绘画太过家庭化了。我喜欢的是在冷硬的背景上面摆放影像的亲密感。把影像孤立起来，让它远离室内及家庭，才是我想要的。

西 让我们把话题转回到有关机运及意外的漫长讨论中。有两个想法让我感到很惊奇：第一个就是你讨厌绘画看上去像所谓的“随机”；另外一个，你相信“机运”给予的要比“意志”给予的更具有某种必然性。那么请问，为什么意外得到的影像看上去就更顺理成章呢？

培 它也许更清新且没被干扰过。通过机运得到的造型好像更加具备有机性，而且制作起来也很顺畅。

西 那么线索就是没有干扰，对吗？

培 对。直觉压制了意志。

西 你的意思就是，若是让机运工作，就是呈现出更深层次的人格。

培 我确实想要这么说。我也尝试着想要告诉你，它们的出现具有必然性，因为大脑无法干扰它们。它们好像是从我们所谓的非意识层面直接到来的，那个非意识层面上包着一层薄膜，这样新鲜才能得到保证。

西 你现在总是说，往往在有极为强烈的绘画欲望的那个时刻，丰富的意外就会发生。从另外一方面来说，我曾有一次问过你，机运是否在意识作用好的时候，来得更加顺畅，你给了我肯定的答复。当然了，这种说法跟他人的并不相悖，但是你能详细地解释一下吗？

培 你的工作在有些日子里，好像出奇地顺畅，但这种情况并不会经常发生，而且在时间上也不会持续很久。这个样子我也不知道，比起你在挫折、沮丧的时候能否更加促进一些事物的发生。当情况变得糟糕的时候，你可能更加敢于在作品上胡乱涂抹，在绘画时你抱着放弃作品的心态。所以，我的想法就是，也许沮丧的心情真的能够帮助你，因为在沮丧的状态下，你所能冒的风险会更大，制作影像的方式也更加彻底。

西 你对我说过，在你的绘画活动中，有一半是因为受到打断而能更轻易地进行。这是为什么？

培 对我来说，为你坐下来画一幅所谓逼真的肖像画，并不难。而这份逼真一直能打断我，因为它让我感到无聊。

西 我觉得，笔刷所创造出来的记号和丢颜料、用破布等方法同样被打断给分割了。

培 这是自然了。油画的颜料具有流动性，所以改变在影像的制作过程里是不断发生的。你的选择只有两个，重新再造一个，或把其他的毁掉。从某方面来说，我并不对常人能了解实际操作油画颜料的神奇寄予期望。因为在潜意识中，笔刷移动的作用，甚至能让影像完全改观。而对于它的发生，你只能眼睁睁地看着。我想要说的是，假如笔端沾满了另一种色彩，仅须意外地压一下笔，你所画出的记号就能同其他记号有默契产生，而且影像会被指引着向深层发展（图 89—91）。意外与评论间的争斗

图 89 《三联画——1974 年 3 月》，油画。

从来没有结束过，这个问题一直都存在着。而我所理解的意外也许可以给你带来更真实的影像，而且只有你那批判性的知觉才能够取舍。所以说，通常事情如果可行的话，那也是那种半非意识乃至全部非意识的，你的批判机能与操作同时进行着。

西 你相信机运，而且，整个生活态度似乎都被机运波及。通过一件事来说明吧，它在你对金钱的态度上表现得特别明显。我在刚认识你那会儿，你卖一幅画挣的钱很少，但那时候，只要卖掉一幅画，你就会为周围的人买点香槟、鱼子酱之类的。这种事情从没见你犹豫过，节俭似乎是你永远都不会考虑的问题。

培 因为我很贪心。对于生命、对于艺术，我都很贪心。我期望机运带来的，是我到目前为止无法合理计算的东西，所以我很贪心。还有一部分原因是，贪心让我依靠机运生活，我贪恋食物、美酒、喜爱的人及刺激的事物。在画中，相同的情形会得到印证。我肯定会在过马路的时候往两边看，有些人用想要被杀害的心情玩游戏，而我则不会这样，因为我贪恋生命。生命是非

图 90　图 89 中间的画面。

常短暂的，我希望自己的生命在我还能动、能看、能感觉的时候是充满刺激的。

西 你对于轮盘的喜好，没有向俄罗斯轮盘游戏发展吗？

培 没有。有可能的话，我想做的就是继续活下去。有人某天跟我谈起了德·斯塔埃尔，他就是对俄罗斯轮盘那种游戏十分痴迷，而且经常会在午夜逆向超速行驶，故意想要看看能否躲避对面的行车。他对死亡的认知我是真的弄不清楚，后来他因绝望而自杀了。但是，在我看来，俄罗斯轮盘是不可取的。而且，我也缺乏那份勇气。身体上的危险很刺激，这点我承认，但是，我不认为自己胆大到敢去冒这个险。我想要好好地活下去，想要把画画得更好，你也可以认为我是虚荣心作祟，但我必须活着，必须要生存下去。

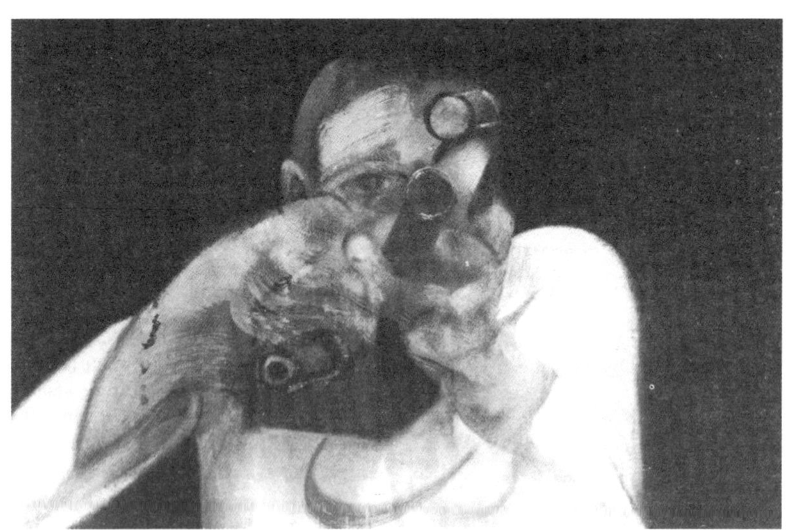

图 91　图 89 右边画面的细部。

西　你有过钱不够多，但消费方式不变而导致穷困的经历？还是每当快要到这个境地的时候，事情就会好转？

培　我总让事情有回转的余地。我觉得自己有种天赋，能勉强渡过难关的天赋。甚至对于偷窃之类的事情，在道德上来说，我并不反对。也许这是非常自私的行为。当然了，假如被抓到或是进了监狱的话，那真是让人很反感的事情，但对于偷窃这种事我并没有什么特殊的感觉。我现在赚到了钱，偷窃对于我来说就是种愚蠢的奢侈行为。假如我没有钱的话，我想我就会常常取我所需。

西　你的做法我有印象，随着自己的冲动、接受后果而且还不重视安全，你不就是这么做的吗？而且，你对社会带有某种偏见的观点。我想说的是，你所说的与福利国家的这种观念很像，它因为具有某种安全的保障，因此，看起来似乎就是生命的一种堕落。

培　从出生到死亡都要靠国家照顾的生命让我觉得很无聊。也许是因为我从不吸取贫困的教训的缘故吧，所以才这么说。因此，如果说有什么事情是比从生到死一生被照顾这件事更无聊的话，那我真的无法想象到。但是，人们对这种照顾很期待，而且把这认定为他们的权利。我觉得，人们若都只对生命抱有这种态度的话，那么创造力的直觉就会被消减。造成这种情况的原因我们很难理解。但是，我从未相信过人们应该拥有任何保障，对于任何保障也从未抱有过期望。

西　跟我说的一样，那被你认为是一种生命的堕落，人们不该去寻找保障。

培 那是对生命的绝望和对存在的绝望的反面。归根结底，你若是生活得这般平凡乏味，为了不坐等被人遗忘，你也许会去尝试创造出某种伟大的生命。

西 政治很显然基本上就是关于个人自由与社会公义间的冲突，然而，很明显你的想法就是，社会公义远远没有个人自由重要。你是否会因为看到了社会的不公而感到困扰呢?

培 那在我看来是生命的纹理。你明白的，所有的生命你都可以说是人工的，所以我觉得生命被所谓的社会公义无端地人工化了。

西 若是有人因为社会的不公而遭受痛苦，这会让你感到困扰吗?

培 不会。从某种意义上来说，当你说它们对我有困扰时，它们就被我清楚地意识到了。但我觉得，在富裕程度较高的国家居住时，再去谈论那些极度贫困确实是很难的一件事，也许我们有能力帮助这些人，让他们逃脱饥饿与绝望，能够继续得以生存。但是那些人遭受苦难并不会让我感觉不舒服，因为我认为伟大艺术的产生不是因为平等主义，而正是人类的苦难与差异造就了它。

西 你所要表达的意思是，社会要加以批判的不是多少人的幸福，而是创造伟大艺术的潜能。对吗?

培 社会的快乐与否，有谁会在乎呢?人们在乎的，是几百年以后这个社会留下的。我觉得一个社会还是有完美的可能性的，甚至让人们忽略了它是平等的。但是这样的社会，在人类的历史上从未存在过，人们到目前为止，所记得的只是这个社会究竟创造了什么。

访谈五

培 我们之前讨论到把表象做成非图像式的可能性时，我觉得自己有些言过其实了。因为除了理论上希望影像是由非理性的记号构成的以外，图像进入其中成为头部或者面部的一部分还是无法避免的问题，若这些都被去掉了，那么，抽象设计，就是唯一剩下的东西了（图 92）。我常说的那些话，也许只是一些无法达成的个人理论罢了。当然了，眼睛、耳朵之类的东西还是要放进去的，但希望它们尽可能地不要太过理性。为什么要不理性？只有一个原因，若是成功了的话，那它带给影像的力量要高于一个人坐下来画表象，甚至达到你无法想象的程度；而后者的工作，随便一个艺术系学生都能胜任。我相信，我个人理论的实现是遥遥无期的，对此，我早已做好了心理准备。

西 但是这么思考，明显对你很重要。

培 那是当然了。这是我继续画下去的动力，这种理论对我来说有着非凡的吸引力。

西 无论你用何种方式去思考它，它都能算是艺术家常感觉到的目标，创作出一样东西，一个似是而非的东西。卖力地让材料彻

图 92　图 59 左边的画面。

底变形，直到它与自己的目标更相似为止。这在某种程度上就是艺术的普遍目标。

培 它之所以是普遍目标，是因为它几乎是在以不可能的事物为创造目标，假如你能做到的话。

西 你喜欢的那幅伊莎贝在街上（图 93），不就是把图像式的记号与具有高度暗示性的非理性记号完美交织在一起了吗？这里的有些记号是为了某个目的，而其他的是另有目的的吧？

培 是的，像你说的那样，这幅画就是二者的混合体。

西 真的有把肖像这么特定的东西变成其他东西的可能性吗（图 94）？

培 我想除非有人真的把这个问题解决了，不然是不可能的。

西 当你在画肖像的时候，你开始失去特定人物的相貌的时间与画作进行到颜料非常生动、强有力的程度的时间，你有时能发现

图 93 《站在苏活街上的伊莎贝尔·罗斯颂》，1967 年。

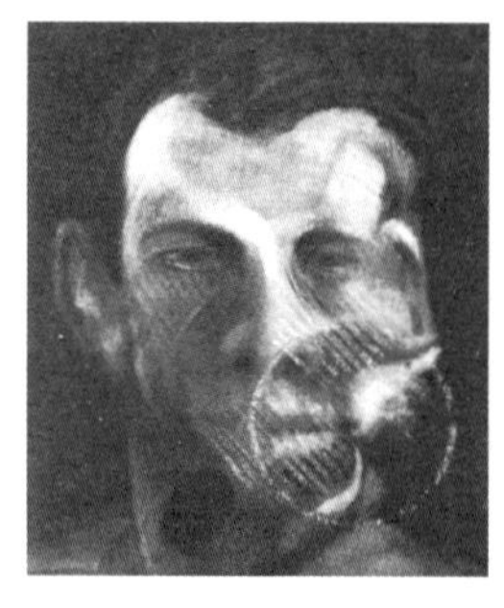 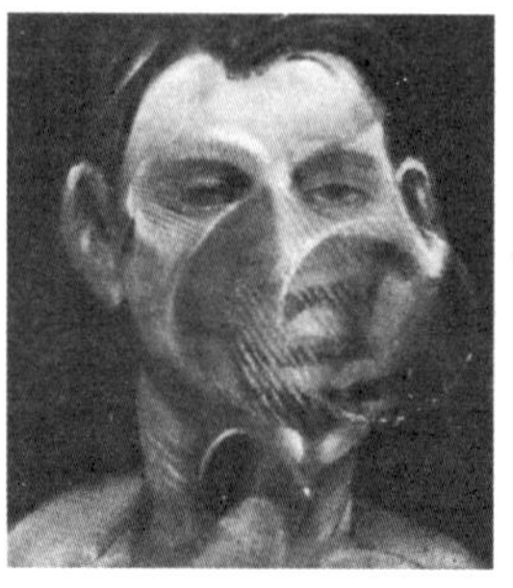 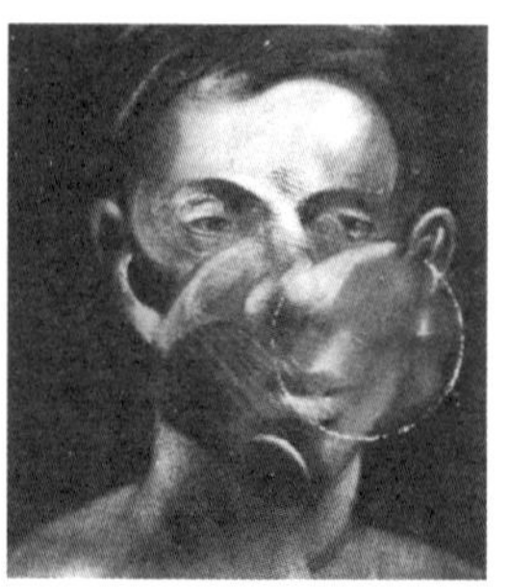

图 94 《三幅肖像的习作》，1975 年。小型三联画。

这二者是同时发生的吗？

培 发生这种情况的概率要比不发生大得多。

西 你会为了把它拉回来，而加强一些图像式的成分吗？

培 不会，我觉得它已经不会回来了。把整个过程随时拍摄下来这件事很有意思，因为它们一直在永不停息地改变着，这样你对于自己的得失都能看得到。

西 你最近画的很多都是自画像，跟你以前相比多了不少，对吗？

培 我确实画了很多（图 95—98），这是由于我身边的人一个接一个地死去，就如同苍蝇一般，除了我自己，基本上我已经没人可画了。现在我很高兴，因为我又有了两个能画的人，而且长得都很好看，都是我认识的人。作为绘画主题来说，他们是最好不过的人选。我对自己的面孔已经厌烦了，因为没人可画，所以才画自己。但我现在可以不用画自己了。

西 你讨厌画已经过世的人的肖像吧？

培 画死人的肖像，这似乎有点儿疯狂吧。你应该清楚，他们如果没有被火化，那么就会慢慢地腐烂，肉体会腐坏。而且对于过世的人，你所保留的记忆只是针对他们的过去，而不是他们的身体。火化的行为我并不赞同，因为若是这个世界数千年后依然存在，却没有人可以挖掘，那会是多么乏味啊。

西 你是否在画肖像的时候注意到，你尝试着把对模特的感觉或是模特本身具备的感觉倾诉出来，也许只是单纯地想得到他们的表象？

培 你制作的所有造型都有隐喻在其中，你知道的，当你描绘一个人的时候，尝试向他们的表象逼近，但你又想把他们能令你感动的因素把握住，因为每个形体都是有所隐喻的（图99）。

西 这种隐喻是情感上的吗？

培 是的。

西 你在创作的时候有意识到吗？

培 有。

西 它或者来得很汹涌，可能也很温柔，等等？

图95 《两幅为自画像而作的习作》，1972年。小型双联画。

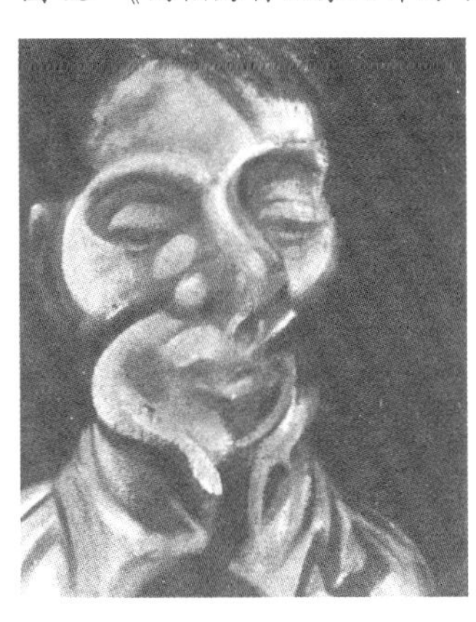

图 96 《自画像》，1972 年。

培 是的。

西 自画像与为别人画肖像，区别大吗？

培 不大。但我喜欢画长得好看的人，美好的骨骼构造总能吸引我。我已经厌烦了自己的脸，因为没有选择，所以只好一直画它。让·科克托说过一句很有名的话："我在镜子里注视着死神每天的工作。"这句话就映照出了画自己的行为。

西 你多大的时候了解了生命的脆弱，随时都有死亡的危机？

培 我十七岁的时候。我记得很清楚。当时我在人行道上看到了一坨狗屎，突然间我醒悟了，原来事情的真相就是，生命就同一坨狗屎一般。这件事一直困扰了我好几个月，这是很不正常的，一直到有一天，我突然接受了，你就在这里活了几秒钟，而后就像个被从墙上拍落的苍蝇般死去。

西 你总是引用格罗斯特的话："苍蝇面对顽童与我们面对神一样，他们杀害我们是为了消遣。"埃德加的话却从没听你引述过，他的那句："神是公正的，因为我们的欢愉恶习，而制作了处罚我们的工具。"但我觉得前一句或许能代表你的人生观吧。

图 97 《三幅自画像习作》，1974 年。小型三联画。

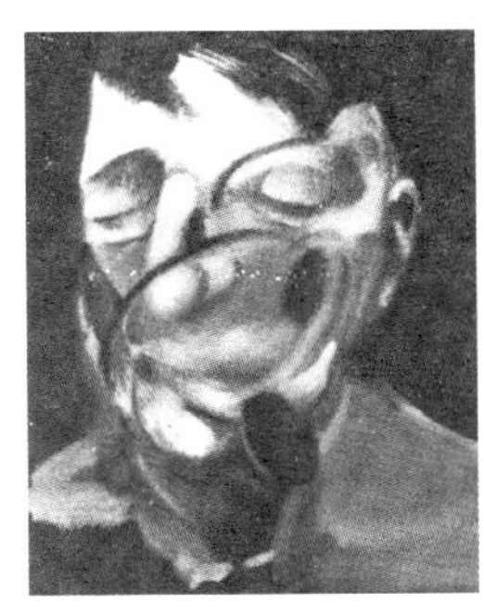

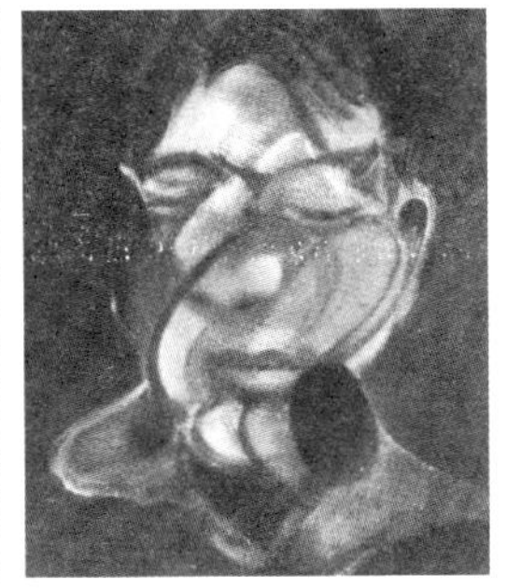

图 98 《自画像》，1973 年。

培 生命在我看来是毫无意义的，但我们活着的时候赋予了它意义。我们以某种态度活着，这使生命有了意义，尽管它本身真的是毫无意义的。

西 那什么样的态度才有意义呢？

培 活一天过一天的方式。

西 就这一个目的？

培 一个没有目的的目的。

西 所以的话，你除非发现了自己具有去实行所相信事情的活力，否则生命就全部都是虚无的。

培 事实就是这样。相信并没有原因，仅仅是相信。这样的说法在语意上我知道是自相矛盾的，但事实就是如此。因为我们出生、死亡，我在两者间赋予无目的存在一种意义。

西 你厌恶任何形式的宗教，无论是你所谓的现代神秘主义还是基督教，我不太理解你对此的观点是什么。他们只图享受，但大多数人现在好像都是这么活，这对我来说就是浅薄的快乐主义，因此生命才会变得乏味。

培 你的看法我完全赞同，我觉得相对于生活在快乐主义中的人来说，那些有宗教信仰、对神敬畏的人生活趣味要多些。我一方面羡慕他们的生活，另一方面却又鄙视他们的生活态度，他们生活在虚假中，我觉得，他们的生活完全被宗教观占据了。人们终究是因为贡献变得有趣，最起码在有宗教信仰后，他们能为宗教奉献，这多少有点儿意义。但我是这样认为的，如果一个没有信仰的人，向虚无完全地奉献了自己，那这个人将会是令人兴奋的发现。

图 99 《侏儒的肖像》，1975 年。

西 你对我说你经常能做白日梦，在脑海中想着满室的画一个一个地划过你的脑际，如同幻灯片般。我想深入了解一下，你在开始一幅画的时候，对它的画面预测能到何种程度呢？

培 对，我的确是能做好几个小时的白日梦，幻灯片般的画面在我的脑中不断出现。但脑海中的画面与我完成的画面不一定是相关联的。因为我看到的画面是很棒的，但你怎么制作它呢？我不知道该怎样做，所以这份工作能否完成全赖机运和意外了。

西 你能在做白日梦的时候看到什么？

培 看到画面，很美的画面。

西 它们与你做的绘画版面相类似吗？

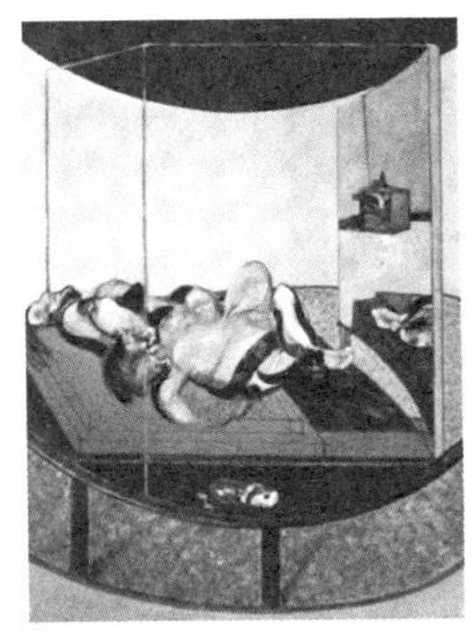

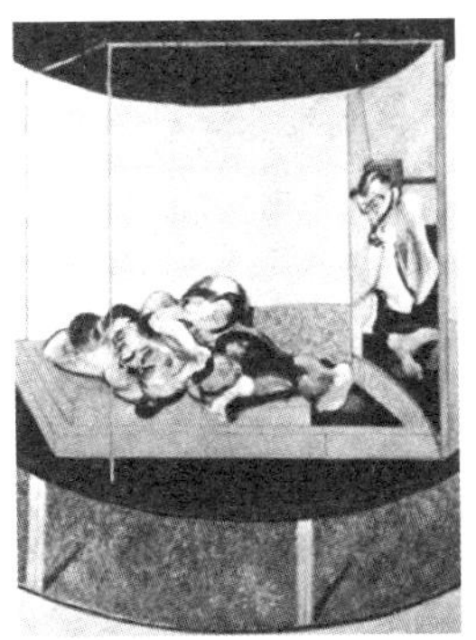

图 100 《三联画——源自艾略特的诗作〈斗士斯威尼〉》，1967 年。

培 从某种程度来说，是这样的。你总得有个开始吧。但我要提醒你的是，画肖像是不同的。我并没有发现肖像会用这种方式划入脑海，与我画的其他类型的绘画相比，肖像更加具有意外特质。很多在脑海中活跃的东西，在这里都用不上。我觉得这种事很平常，并不特殊，我的意思是，很多艺术家也有这种脑海中划过幻灯片般画面的情况。

西 我举个例子，《斗士斯威尼》的三联画（图 100）是怎么回事呢？这幅画除了灵感源于文学作品之外，构图也十分复杂，而且与其他的作品并不相同。你能在什么程度上预见它的构图呢？

培 我在这幅画里，仅仅知道想要的是有个人物出现在中央的画面（图 101）。

西 对于左右两边的画，你事先不知道吗？

培 两面的画面我知道是人物，但他们的动作我确实不清楚。

西 但那幅有人坐在室内，而窗外是欧墨尼得斯的画作中（图 80），你对于欧墨尼得斯早就有所预见了，还是那个想法是后来有的？

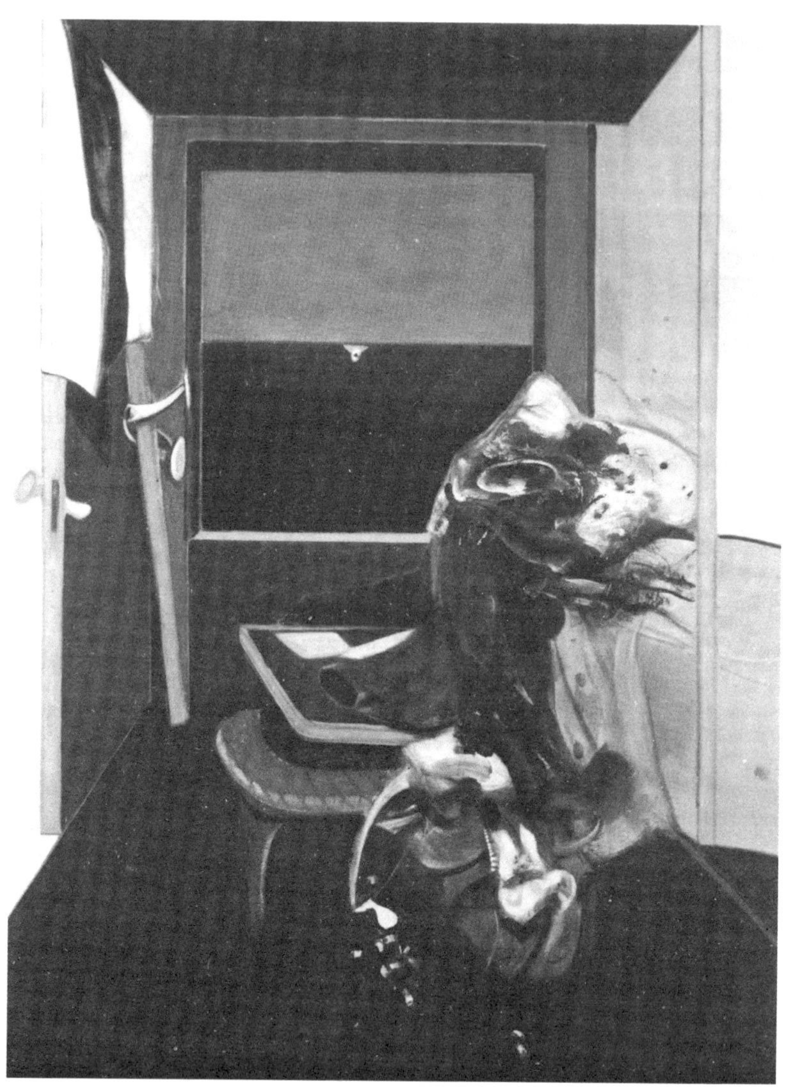

图 101　图 100 中间的画面。

培　那个想法是后来才有的。在同时期的另一幅画中，就是那幅躺在床上的一个人（图 102），那些门并不是我一开始就想要加上去的，而是后来才有的想法。你是知道的，我不可能真的把画面预想好。我会考虑好造型的配置，然后，就要让造型自己来选择往哪走。

西　在那幅海滩的三联画中（图 103），马匹和骑马的人（图 104）也是后来的想法吗？

培　对，它们是后来才想到的，那种距离感与动态等，我觉得正是我需要的。

西　那么带有头像的那些银幕呢（图 105、106）？

培　那个影像是经常在我脑海中出现的画面。

西　那么它们是预见的？

培　是的。但中央人物的呈现方式我并没有预见到。

西　那么银幕间会出现一个裸像是你没想到的？

培　不是，我想到了。但是它的呈现方式我没有想到。

西　你并不知道那个人物是背对着的？

培　对，我不知道。

西　那前面那个半个人似的影像也是预见的吗？

培　不是，那个影像不是预见的。

西　那雨伞是吗？

培　这些东西我并没有预见到。那是幅不太能够预见的作品。

西　嗯，对，除了那两个在银幕上的头像是你预见到的。你开始绘制这幅三联画是不是就因为想要绘制那两个头像呢？

培　我最开始想要的，是在海边的沙滩上能有些东西出现，虽然中

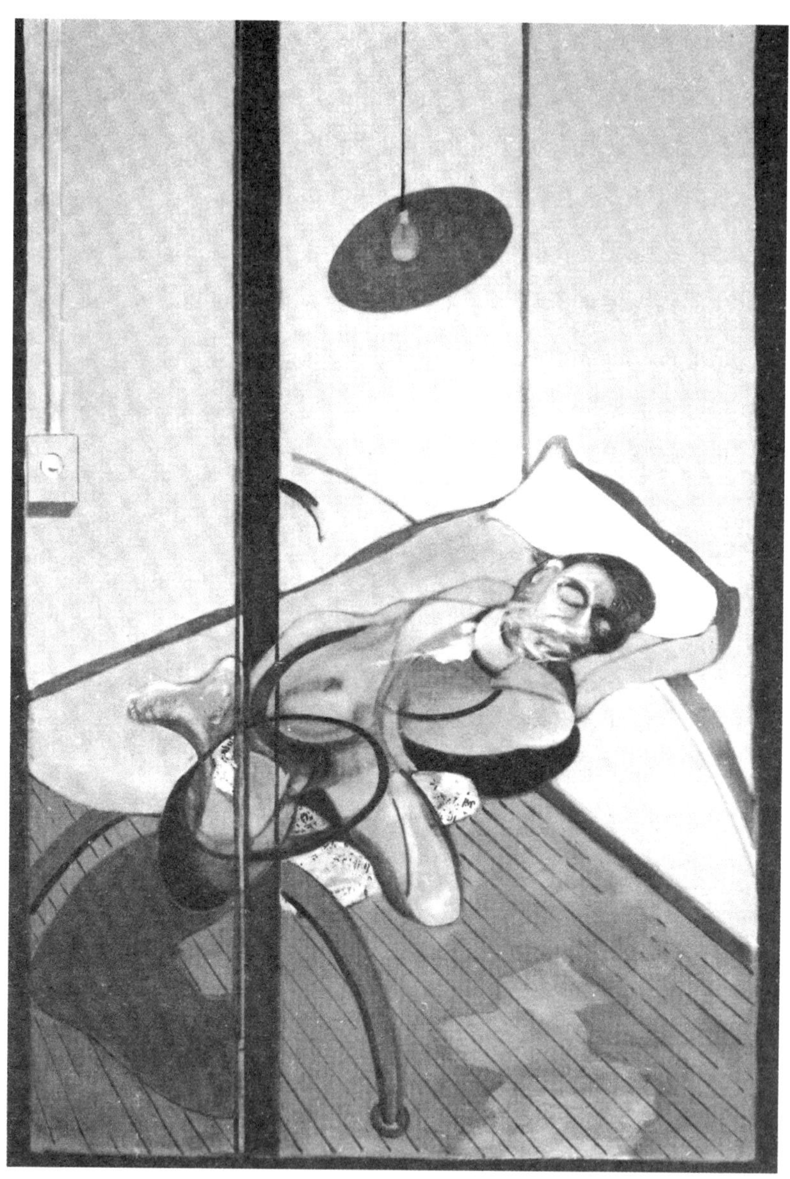

图 102 《睡者》，1974 年。

图 103 《三联画——1974—1977 年》。

图 104 图 103 左边的画面。

央画面与海边隔得有些远，但我在背景颜色的选择上却跟两边画面的天空一样。作品完成后，尽管我觉得与在脑海中划过的影像有些出入，但是划落的影像本身就是个暗示，它表示我希望机运和意外怎样来为我工作。我总感觉自己像一个机运与意外的中间人，反而不太像画家。

西 何出此言？

培 我觉得自己也许是在某方面很特别。这么说可能是虚荣心作祟，但是天赋这种东西，我不觉得自己具备，我认为自己有的仅仅是敏锐的感受力而已。

西 我可以理解为你对乙醚中的活力有感受力吗？

培 我认为自己是充满活力的，并且对活力的感受力超强。希望我这样说不要误导你，觉得我经常是充满灵感的，我仅仅认为自己有感受的能力。

图 105　图 103 最初中间的画面，1974 年。

图 106　图 103 中间的画面，1977 年。

西　如果说换一种媒介工作的话，你自认为有这种可能性吗？比如说你也许可以是位诗人，或是去成为拍电影的导演？

培　不会的。我想，可能的话，我也许会拍摄一段影片。这段影片要把所有在我脑海中堆积的影像囊括在内，全部那些我记得却不曾用过的影像。我的画终归有很大一部分都依赖于影像。我几乎不会去凝视一幅画。假如在国家画廊里发现了一幅令我兴奋的伟大作品，而我并不是为画本身而兴奋，只是我的各种知觉被它唤醒了，这让我能更猛烈地回归生活。可能我会拍一段影片，但是这样的话，事情会复杂化，我也许因此再也找不到能用在绘画中的影像了。如果用其他的媒介，我不知道事物能否像在绘画中一样那么轻易降临。

西　这么看来，你的媒介好像就是绘画吧。

培　当然了。我并不是位诗人。

西　你为什么这么觉得？

培　尽管我很喜欢诗，也在很大程度上被它所影响，但我感觉那种工作方式并不适合我的想象力。我认为，自己不会成为另外一个人。这没人能知道。现在的我，终究已经老了。假如我还年轻的话，也许会尝试电影工作。我觉得，电影是最好的媒介之一。但我不知道。我觉得自己所做的任何事情基本上都离不开绘画。

西　但是你不认为从一个画家的角度来看，你很有天赋吗？

培　并不是这样。我想当名画家，是因为我对事物的感觉很敏锐，能使用手头上的东西。

访谈六

西 虽然你说过不再画自己了，但事实上你依然画了很多，数量甚至超过从前吧？

培 事实的确如此。那只是没办法的办法罢了，因为我没有其他人可以画。

西 并不是由于你涉及了关于自画像更深的主题？

培 不是这样的。

西 在画自画像（图 107—110）的时候，你使用的是照片，还是通过照镜子呢？

图 107 《为自画像而作的三幅习作》，1976 年。小型三联画。

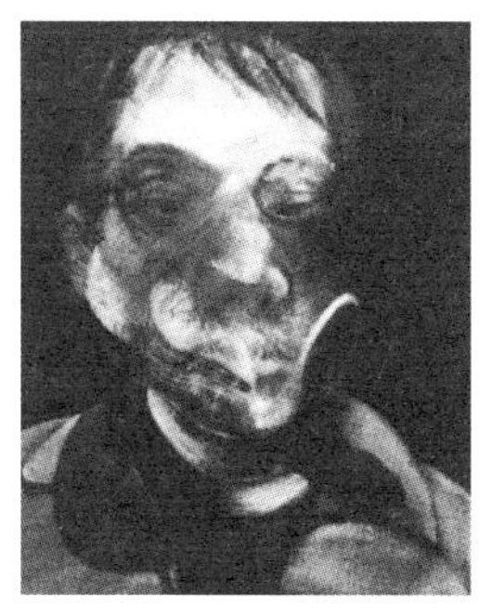
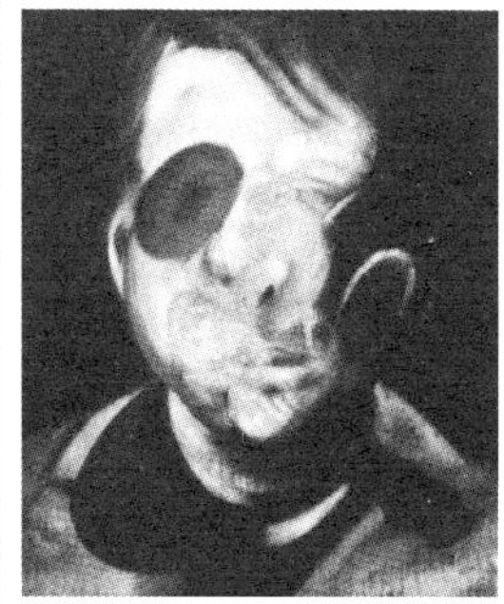
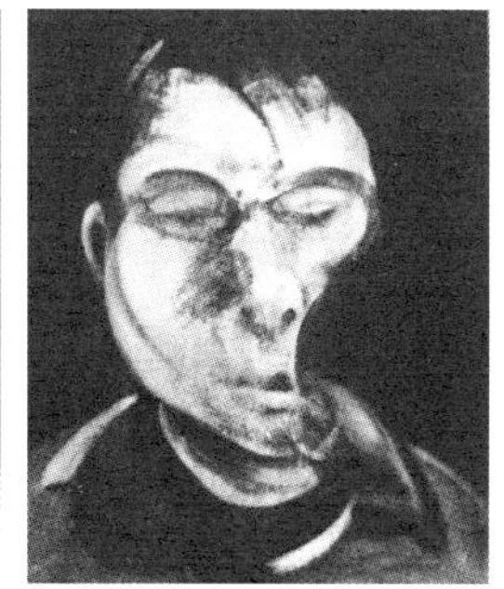

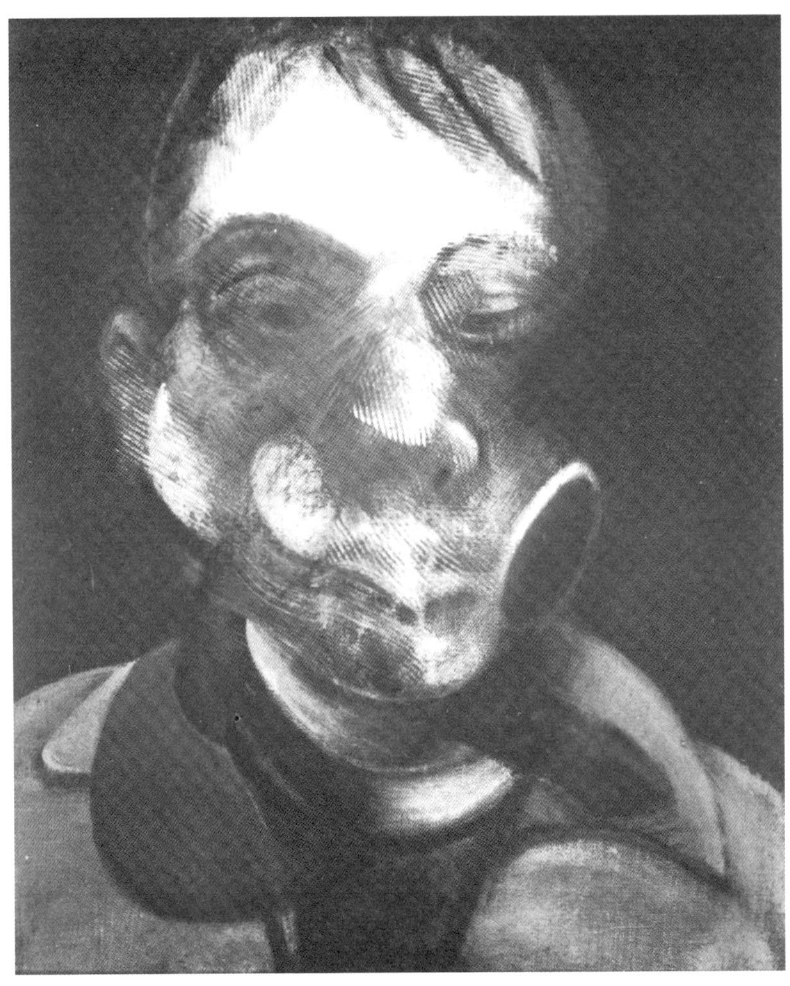

图 108　图 107 左边的画面。

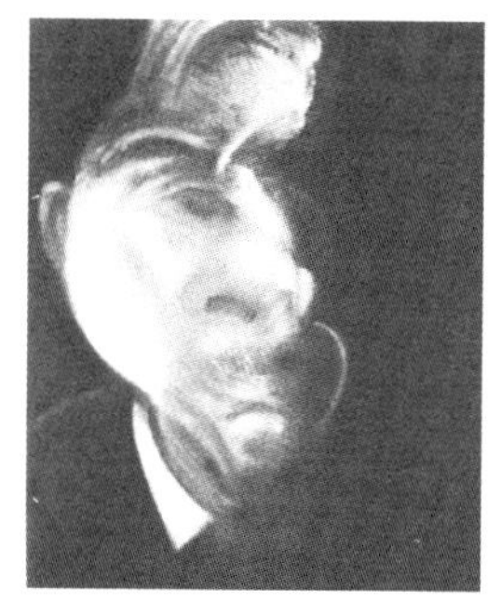  

图 109 《为自画像而作的三幅习作》，1979 年。小型三联画。

培 我观看镜子中的倒影，同时也用照片。

西 假如你用照片的话，那别人的照片你也可以使用。

培 是的，我确实可以。

西 你最近并没有画乔治的头像吧？

培 没有画，对我来说，画故去之人的头像是非常困难的一件事，至少从我的角度来说很不容易。

西 确实如此。

培 画死去的人与画活着的人之间差别是否真的那么巨大，我也不知道。我的意思是，你如果不需要模特在面前做动作的话……但事情是这样的，画自己确实是迫不得已，因为我在那里画画，而那个时候没有任何人在身旁。我的确能像你说的那样用照片来作画，但作画的时候，你还是得看看被画者。

西 这个是当然的了，你并没有改变自己的习惯。我突然明白了一点，当你用照片画出伊莎贝尔、卢西安、亨利埃塔（图 111）时，他们也都在那时候经常出现，就是这样吧？

图 110　图 109 右边的画面。

图 111 《为亨利埃塔·莫莱伊斯而作的习作》，1969 年。

培 对。但是，我现在能见到的人逐渐少了很多，我想这也许是因为年纪的原因吧。

西 这么说来，虽然你可能在作画的时候不看真人，但是可能在不久前与他们见过面，所以对他们的记忆能再次被激活。这可能证明了照片与对本人的记忆相比重要性要低很多。

培 嗯，是这回事。但我觉得也对也不对。因为我所希望的表象是把人变形后得来的；我不可能对他们一笔一画地真实描写。我给你举个例子，那两幅米歇尔 · 雷里斯的头像（图 112、113），这两幅画里更不真实的那幅事实上反而更加像他。很奇怪是不是？那幅怪异头像的确更像他，假如你想起他头的形状，那其实是圆球状的，但它在那幅画中是狭长的。所以，你无法确定的是它为什么比另一幅更真实，我真的很希望米歇尔的画像能与本

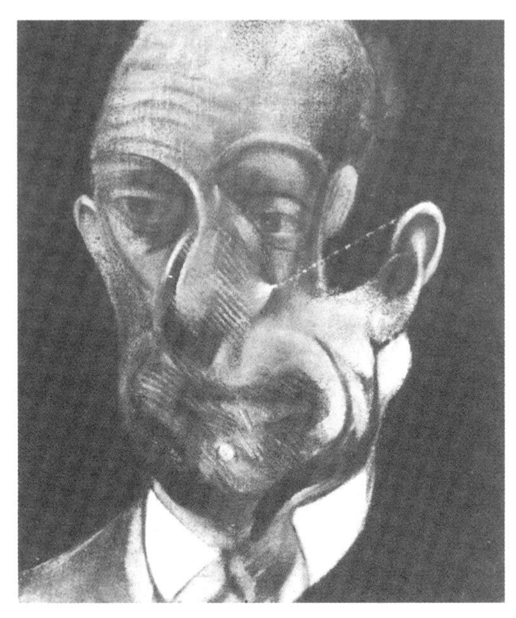

图 112 《米歇尔·雷里斯的肖像》，1976 年。

人相似。因为你为某人画的画像，却与被画人完全不像，这是非常没有道理的。那个狭长的头像实在无法与他本人的头部联系在一起，但是看上去反而更像他，反正我觉得很像。这种现象的发生，也是绘画上无法解释的难题之一。我是十分希望自己做得更加人工化，能够更加扭曲变形，嗯，相较而言当然是更加人工化了。比如说一幅画中，我想要画的是沙滩与拍打它的海浪。我认为把沙滩与海浪并置于某种结构之上是种可行的办法，所以必须要让它们离开原有的位置，然后把沙滩与海浪的结构人工化地重塑。我在这幅画中，首先对那个结构进行尝试，而后把沙滩与海浪的希望寄予机运。但无论在这幅画中有多高的人工化程度，我所希望的画还是一幅海浪拍打着沙滩的作品。

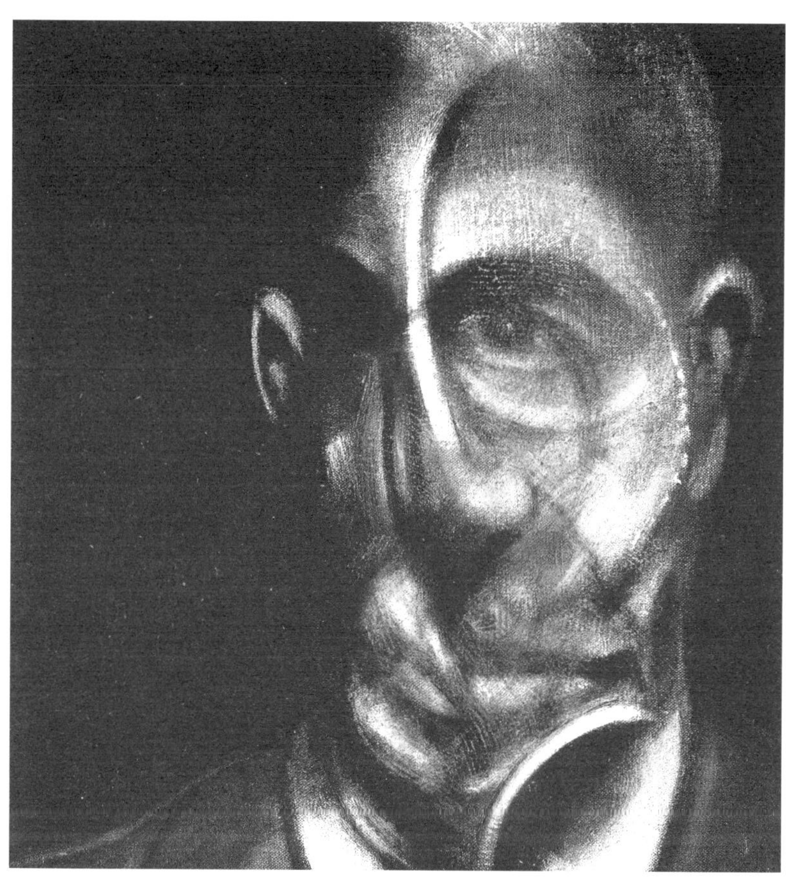

图 113 《米歇尔·雷里斯的肖像》，1978 年。

西 那是你希望的样子？

培 对，我希望它是那样的，但如何能让它是那样的，我并不知道。

西 但是，你能让它们看上去扭曲不正，这点你能确定吧？

培 是的。我十分确定这一点。要不然的话，我画的仅仅是一幅有大海与沙滩的图画而已。

西 这样的话，怎么才能让这幅画不仅是有大海与沙滩的图画呢？

培 我只能是凸显出它原来的海岸与海浪的样子，像是把它们切成碎片一样割下来，然后把它们突出于整个画面中，让它们看上去更加人工化，但是比海浪拍打沙滩的图画看上去要更加真实。

西 那幅画你想让它看上去兼具人工与真实？

培 是这样的。

西 你所要寻找的东西，是不是某种现象之外的结果？你想要给自己一个惊喜？

培 当然了。要不你为什么继续画下去？

西 这个惊喜是什么样的？是不是事物变得兼具人工化与真实？

培 对，就是这个。你越能把它画得人工化，那么你把它画得更真实的机会也就越大。

西 非常明显的是，现在的任何艺术形态大都是意图与艺术家惊喜的成果的结合体吧。

培 很对。企图是一切的开始。

西 你要说的好像就是，在你举的例子中，惊喜会随着企图而来。

培 是这样的，你看，你先有了一个企图，而事情却是在工作中发生的，这就是讨论这件事十分困难的原因所在了，因为在工作中它的确是发生了，并且作用是因为事物的发生而有了效果。你在工作的时候确实是感觉在指引着你，那里究竟有什么，你却不知道。所谓的直觉就是如此。不管人们的直觉是对还是错，都会用行动来面对颜料发生在画布上的活动。我觉得正是因为艺术家的自我批判，所以才有那么多创作的诞生，而我也经常在思考，也许有些艺术家的批判感官是比较正确的，这就是他们似乎优于其他艺术家的原因。有可能是他的批判感官比较好，而并非是比别人有天赋。

西 你是否认为他们运用自己的批判感官时，并没有一个明确的标准，而那种判断也纯粹只是直觉式的？

培 是的，我确实是这样认为的。对于保留它的对错与否，他们并不会知道，因为要弄清楚它的好坏需要耗费的时间会很长。

西 那么这幅有海浪沙滩的画，也是像你曾说过的那样如幻灯片般划过你的脑海而得来的想法吗？

培 并不是这样来的。仅仅是恰巧看到了那样的景象而已。我几个月以前在法国南部碰巧看到的场景。

西 那个时刻一定很特别，所以那个景象才能让你的印象如此深刻。这种事情总是会发生吗？

培 风景与海景并不在我经常画的主题里，所以这种事情是不会经常发生的。我在画人物的时候这种情况更少见了。

西 你画人物的时候很少发生？

培 对，因为他们全都是我认识的人。你懂我的意思吗？比如我仅仅是恰好目睹了海浪拍打沙滩。

西 那你有时和熟人在你的工作室，而恰好他的某个姿势，回头或者是转了个身，难道这些不会被你记在脑中，成为你绘画中要重新捕捉的材料吗？

培 不会。举个例子吧，我画人体，一般情况下要把它置于特定的位置。

西 那么，在你的画中，有一个人用脚转动门上的钥匙（图 114），为什么要这么画呢？

培 我自己也不知道为什么把它画成那样，用脚去拧钥匙。很可能是因为艾略特的诗句："门上的钥匙响了，它转动了一圈，而且仅转一圈……"这是《荒原》中的句子。用脚去拧钥匙，我不知道为什么画它。不过我确定它来源于一首诗。我实在不明白我为什么要让它用脚来拧钥匙。

西 对于企图与结果的相互作用来说，这的确是一个很好的证明。那个企图，还有艾略特诗中的影像，都是在私人东西的范畴内吧？

培 绝对没错。

西 但在作品中并不可见。

培 根本看不到。

西 但是计划中通常没有考虑到这整幅图（图 115—117）是什么这一码事，这在作品中是最明显的那块。

培 对。那些东西让我猜的话，也许从某种程度上来说，来源于超现实主义。你也许能这样想一下，通常用手拧钥匙并不如用脚来得直接。

西 是的，与现实的确相关联，难道不是吗？马格里特就常写到有关平凡真实中的神秘，而且他企图通过绘画，唤醒那神秘的愿

图 114 《绘画 1978》。

图 115 《三联画 1971》。

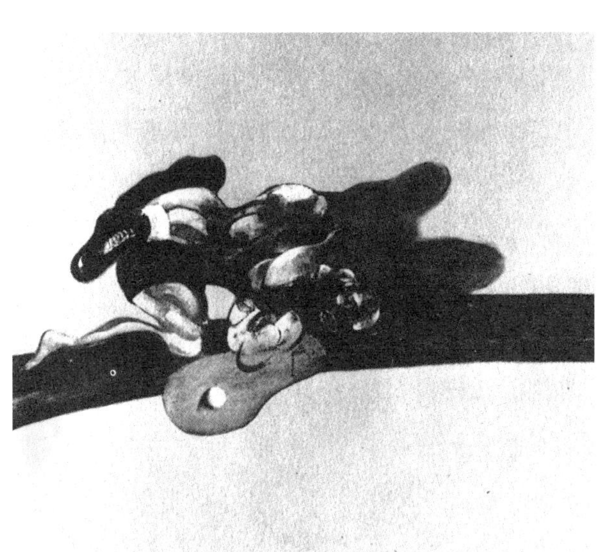

图 116　图 115 左边的画面。

图 117　图 115 中间的画面。

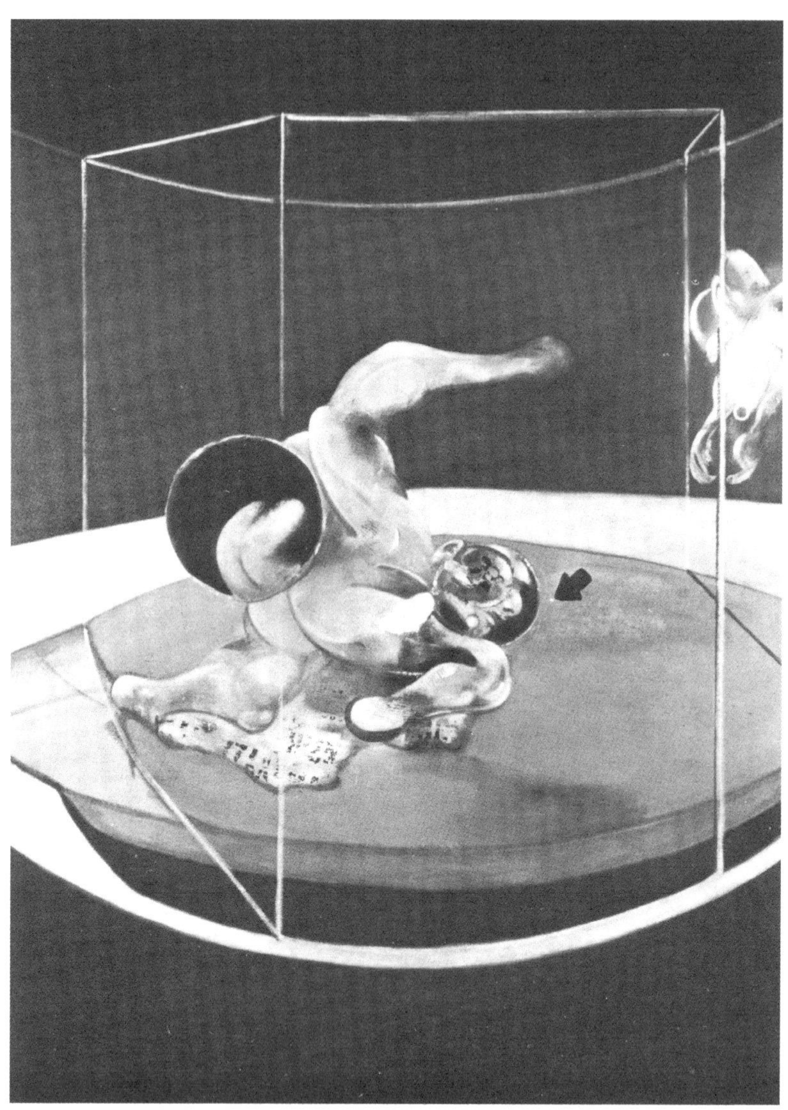

图 118 《动作中的人物》，1976 年。

望。他画的东西是在半空中漂浮的水果、面包之类，而其他手法是通过错置来制造神秘，这也许能让事物更加直接，而神秘感也在桌上的面包与水果中荡漾着。

培 是的，这种情况与用脚拧钥匙雷同。

西 尽管你对《荒原》的感情我很了解，但这幅画与艾略特间的关系，是我没有猜想到的。那么，这幅画是否还受到了其他句子的启发呢，除了《斗士斯威尼》的三联画之外？

培 我总是感觉艾略特影响了我。尤其他的《荒原》，带给我的触动特别大，当然了，《荒原》之前的诗作也是常令我感动的。《四个四重奏》是我经常阅读的，我觉得相比较来说，《荒原》并没有它出色，但《荒原》带给我的感动，是它所无法比拟的。我作画的灵感很少是直接地从某几句或者是某几章中得到的。它们让我十分欣赏，它们能刺激我，让我的工作受到鼓舞，让我工作起来更加勤奋。它们能直接影响我工作的方式。事实上，在绘画上应用任何诗篇都是很困难的事情，是一个人被它的整体气氛影响到了。我本人也常被叶芝的很多作品打动。也许他的行事风格是让我特别仰慕的原因之一吧，作为一个诗人来说，他真的很特别，但在我看来，似乎他是个能用特别迥异的方式来对自己花力气的人。我现在所讨论的当代诗人，也许你能从中发现艾略特与叶芝，尤其是用莎士比亚方式写作的所有诗人，他们所赋予诗歌的是朝气蓬勃的生命气息，无论这生命看上去是怎样的虚无空洞。最起码在这方面，任何人都做不到像他们那样。他们用特殊的方法把生命激活了。你也可以这样说，他们给生命注入朝气的方法就是，用深沉的绝望与悲观再加以幽默。当然了，从某种意义上来说的话，还有他那残忍的嘲讽。我的意思是，还有比《麦克白》的结尾“明天，还有明天，还有明天”更讽刺的吗？反正我想不到。你要我找出来？可能是今天刚刚读过的原因，我觉得作为总结来说，它真的很不一般。

访谈七

西 当我们想要把一个访谈的日期确定下来，必须就要在哪天、某个时间使这些事项达成一致。我的意思是会在那天的早上给你打电话，看看你有没有心情做访谈，你说一直没心情。但是，在确定了要着手作画之前，你感觉自己的心情适合作画吗?

培 这种情形算是比较雷同。情绪会在你工作的时候自然地形成。比如说，某些影像忽然把我迷住了，而那时的我又很想要把它们画下来。但说实话，这些兴奋与可能性都是在工作中出现的，显然，它们纯粹是出于工作需要。

西 因此，你多少都会每天画点儿吧?你不会是只有灵感来了才画画的吧?

培 不。人们所谓的灵感是什么意思我并不太理解。当然了，当你在诸事顺利的情况下工作，好像任何事物都在为你的工作而发力，当继续下去的时候，会感觉到自己是被引领着向前走的。这是不是人们所说的灵感，我也不太清楚。也许这仅仅是种压力，来督促自己做事的?我觉得也许是理解的方法不同吧。

西 你作画的时间，甚至会选择在一清早刚起床，而且是处于迷蒙或宿醉的状态中？

培 对，经常是这样的。

西 假如昨天结束时的样子你很喜欢，但是你现在的工作状况让你感觉很不好，那么，你是否会把那个画面（图 119、120）继续下去呢？

培 我经常在想，要是有部照相机就好了，这样，我就能把它放在身旁，可以随时来记录事情的进展，因为通常在工作中，人们总想要更进一步，而恰恰是这种想法造成了失去最佳画面的结局。但是，如果你把整个过程都记录下来了，也许你就能再次发现那个最佳画面，因为它出现的那一瞬间已经被记录下来了。所以说，工作中最美好的事情，就是有部照相机随时都在运行着。

西 有没有一段时间，你刚画了没多长时间，也许大概一个小时，就选择放弃了？

培 对，有这种情况。我那时的感觉就是无聊。我知道自己画不出

图 119 《三联画——人物习作》，1979 年。

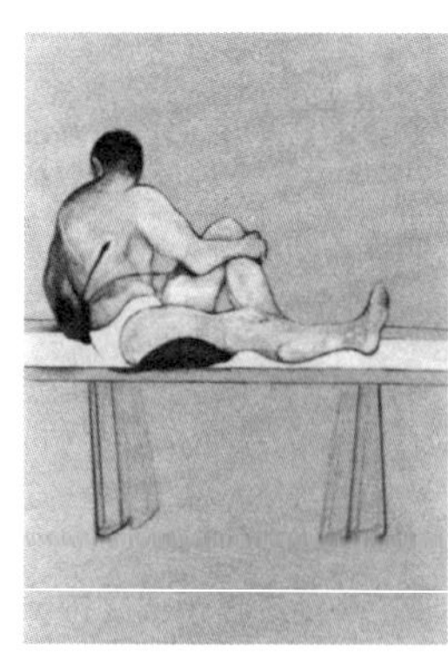
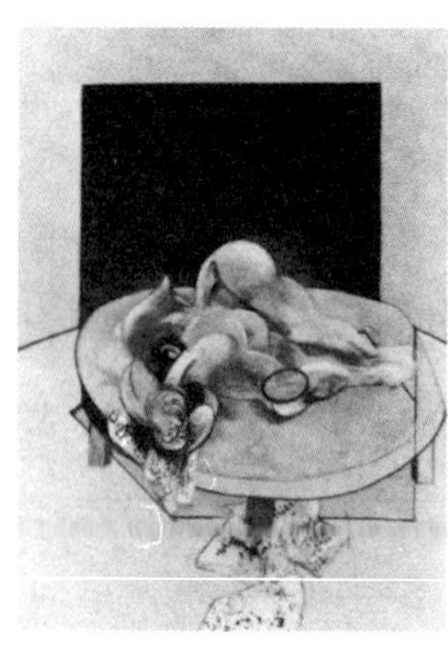
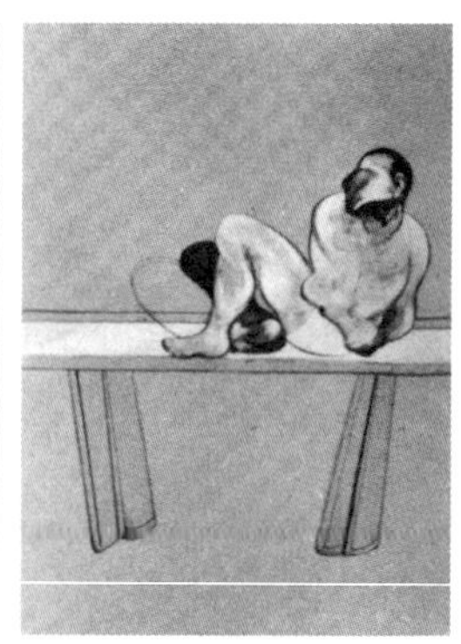

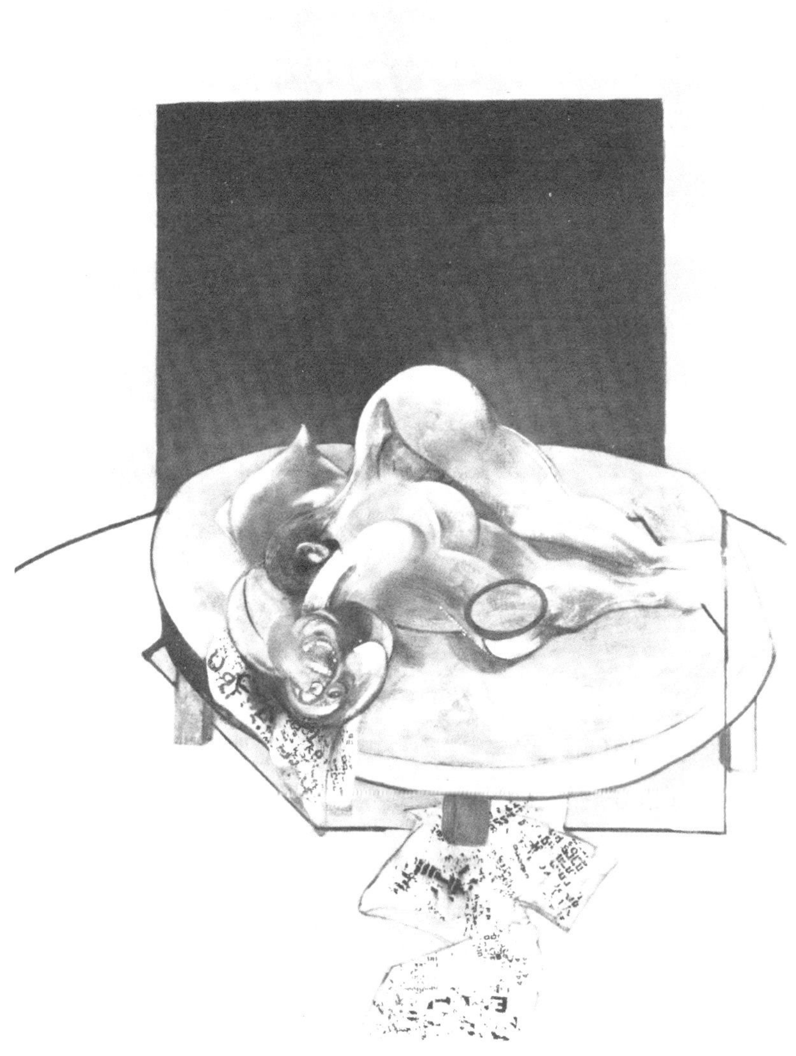

图 120　图 119 中间的画面。

任何东西。

西 那么，你有时候也会画上八九个小时吗?

培 是的，有那种情况。它发生的情况通常是，你与可能性近在咫尺，但你总是把握不住它。可事情就是这样，这很常见。在那个时候，你感觉自己似乎是离它很近了，它却非常坚决地对你避而不见。

西 你现在会有很长一段时间不工作的情况发生吗?

培 不会的，时间一般不会太长。

西 但你曾经有过这样的情况。

培 是的，以前会，但是现在的我一直都在工作。我想做的事情很多，可似乎没有足够的时间去完成它们，毕竟，我剩下的时间不多了。

西 嗯，你以前有过那种持续工作三四个月，而后需要几个星期来休息的情况。

培 我不需要休息，真的，谁都不需要休息。那仅仅是一种想法而已。我想说的是，我讨厌放假。

西 但是，你从前总是休息吧?

培 是的，我确实这样。但是，那个时候我正处于跟别人的感情纠纷中。但是现在，任何感情纠纷都不会发生在我身上。

西 你的感情生活往往随着你对绘画的深入而受到阻碍，对此不知道你是否有所察觉?

培 我觉得情况是恰恰相反的。感情对于绘画来说，是个干扰者。

西 我觉得一些画家会设法调整任何事情。

培 对，有些人的运气很好。

西 你不是这样的?

培 我的运气并不是非常好。

西 我记得在很久以前你就说过，在你的事例中，假如事情能行得通的话，往往是在下意识中，当时你并不知道自己在干什么。如果在工作时刻意努力放松自己，你觉得对这种现象能起到促进作用吗?这种轻松，会让你更加得到释放吗?

培 对于我来说，任何情况下，我都做不到放松自己。哪怕是坐的时间长些，我都办不到。我也享受不了舒服地坐在椅子上的感觉，那只会让我更难受。假如让我待在这儿，哪怕这里只有我自己，那我也会坐立不安，来回走动着或者是……除了看书的时候，我几乎不能踏实地坐着，所以，一般情况下，我做不到彻底放松自己。而我之所以会被高血压折磨了大半辈子，这可能就是一个原因。人们所说的“放轻松!”这句话是什么意思?让肌肉不要绷着或是放松对于任何事情的心情，这种事我从未理解过，不知道该怎么做。所以，放轻松这个话题对我而言，没有任何意义，因为我从未有过这种经历。也许，只有一次……在记忆中，那是我很小的时候，我患上了很严重的气喘，医生给我打了吗啡。注射了吗啡之后，你得到了彻底的放松，那种感觉真的很棒。因为吗啡会致人上瘾，所以医生会减少用量，从不给足药量。可我一直忘不了这件事，总能想起来。

西 喝酒能让你放松吗?

培 喝酒会让我的话变多，但是，能否达到放松的效果就不知道了。酒后的我会唠叨个不停。

西 有一点必须要说，我发现在社交的场合里，神经紧绷的样子或是看起来紧张的情况，在你身上很少见。可能是你掩盖得太好了，真是个好演员。

培 那是因为我有社会教养。也是因为活的时间也很长了，所见过的人确实很多了。

西 假如你真的像自己所说的那样紧张的话，那么我就无法理解你是怎样感受到机运的呢?

培 你看啊，你预料不到一个在工作上感到绝望的人会做什么，那种感觉会促使他随意地拿起颜料，也许能做出任何与制作图像绘画相违背的事情来。我的意思是，会随处地涂抹，用破布或者是笔刷，把松节油和颜料等任何东西随意地抛洒在画面上，从而去打破那种被意识所主导的影像，这样的话，影像就能在它自身的结构中自然地生长了，而并非是生长在我的结构之中。接下来，你要选择性地来甄别知觉才能有用武之地，你要开始工作了，而且面对的是画面上的一片混乱。最后希望得到的那个画面，是一个比较有机的影像，而不是原本被意识所主导的那个。

西 你的意思是，在创作的关键时刻，你会疯狂地工作?

培 对，就是这个意思。

西 这么说来，假如画面的创作已经达到某种程度，那个时候你也就能放松了，而且批判的感官也在这时发挥作用了?

培 当影像进入了知觉以后，你自然而然地就会轻松起来了。这时，你可以说，还有一种知觉的影像，就处在自身的结构之中，它是无关乎精神的影像。当意外的发生促使这种影像开始形成的时候，你的批判能力就要有用武之地了，你开始在此基础之上加以构建，而且通过机运的作用，也许带给你的是一些很有机的东西。似乎，这听起来让人不敢相信，根本无法解释清楚，因为你不知道它是什么。我们很难理解你为什么觉得某一影像比其他的更有机，那么，唯一的解释就是你的敏锐感觉本身就比较倾向于这个影像。比如，我想起了那张有草地的风景画（图121），那幅画我想要的是，风景被框架框住（图122）。让它有种似是而非的感觉，成为一幅看起来不像风景的风景画。因此，它被我消减到最后只剩一小撮我画在盒子里的草地。而且，也是沮丧导致的，所谓的风景面貌，是那幅画在尝试消减了之后才出现的。我想要的是种看起来不像风景的风景画。在这一点上，我也不知道自己做到了没有。

西 这幅画在我看来，那里的风景、草地，都有某种特别的动物活力充溢其中。可就是不知道，你想要的是不是这些。

培 它确实是我想要的。但我不知道自己做到了没有。

西 你的目标中包括这种活力？

培 没有。

西 如果它在那里出现了，那么，是否因为你意图对一些东西进行消减所导致的呢？

培 是这样的。

西 你凭记忆画出的这片草地吗？或者是这个景象你确实看到过？

培 对，是的。它是一张照片，非常好的草地照片，它已经破损了，在某种程度上，它与画中的草地非常形似。因为它在我的工作场地中，而那里又很混乱，所以它一直被踩躏，当我发现它的时候，它的形状已经不完整了，所剩下的，仅有那片草地的碎

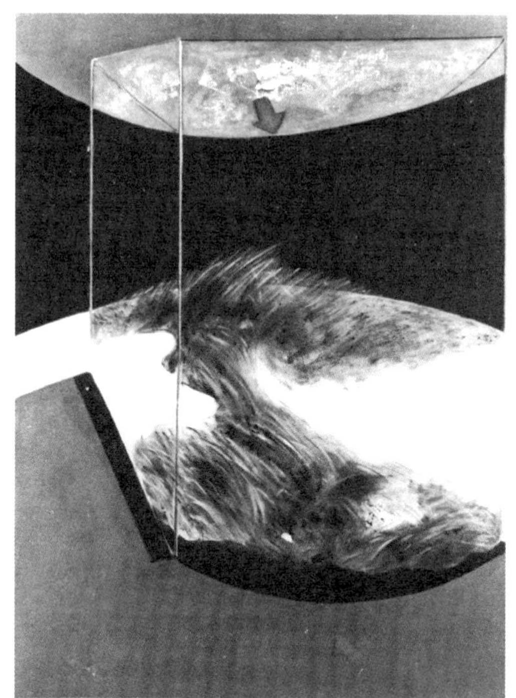

图 121 《风景》, 1978 年。

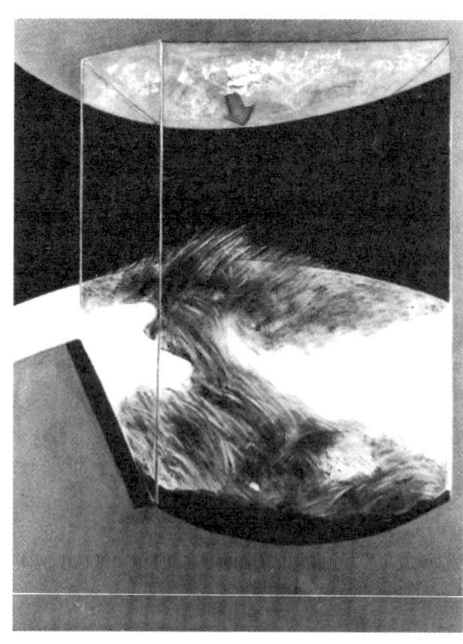

图 122　图 121 的起始阶段。

片了。

西　这幅画来的速度如何？

培　在它被人取走之后，我又拿回来做了一些修改。一开始背景是种淡黄褐色的，那种帆布的颜色，但我想要的是，它能看上去更加人工化，所以我就在周围加上了钴蓝色，这样做我不知道对不对，但我觉得这样看似更加人工化，更加不真实。我想让自然的性质能够被强烈的蓝色彻底除去。

西　我觉得这幅画与那幅海景《水的喷射》（图 123）很像啊，都是以草地为风景而作的画。你说自己想要的是似是而非的风景画，而另一幅画你想要的大概也是不像海景的海景。当然了，那幅画想要呈现的本来也是海浪拍击岸边的场景，最后却变成了喷水口这个结果。我能知道发生这种转变的原因吗？

培　我把大量的颜料都收集在一个缸子里，但不会把它们真的混合在一起，先画好背景，然后往画面上丢颜料，结果就是你看到的那样；颜料被丢出去，我希望它们能变成海浪，但没有成功，它们并没有成为海浪。可它让我很喜欢，虽然它作为海浪已经不合适了。在视觉上，它与喷水口更相似，所以，我就让它变成喷水口了。

西　你刚才说先画好背景，然后才丢的颜料，那么，是否有机械作用存在于你所谓的背景中呢？

培　对。我画的背景是某种工业式的，本来海浪应该是拍打在海岸上的，但我觉得自己能做到让它拍打在工业结构上。但它最后不像海浪反而与喷射口更相似，这样我也只能够尽力地把它变成工业化结构里的喷射口，想必与本应该变化的样子比较起来，

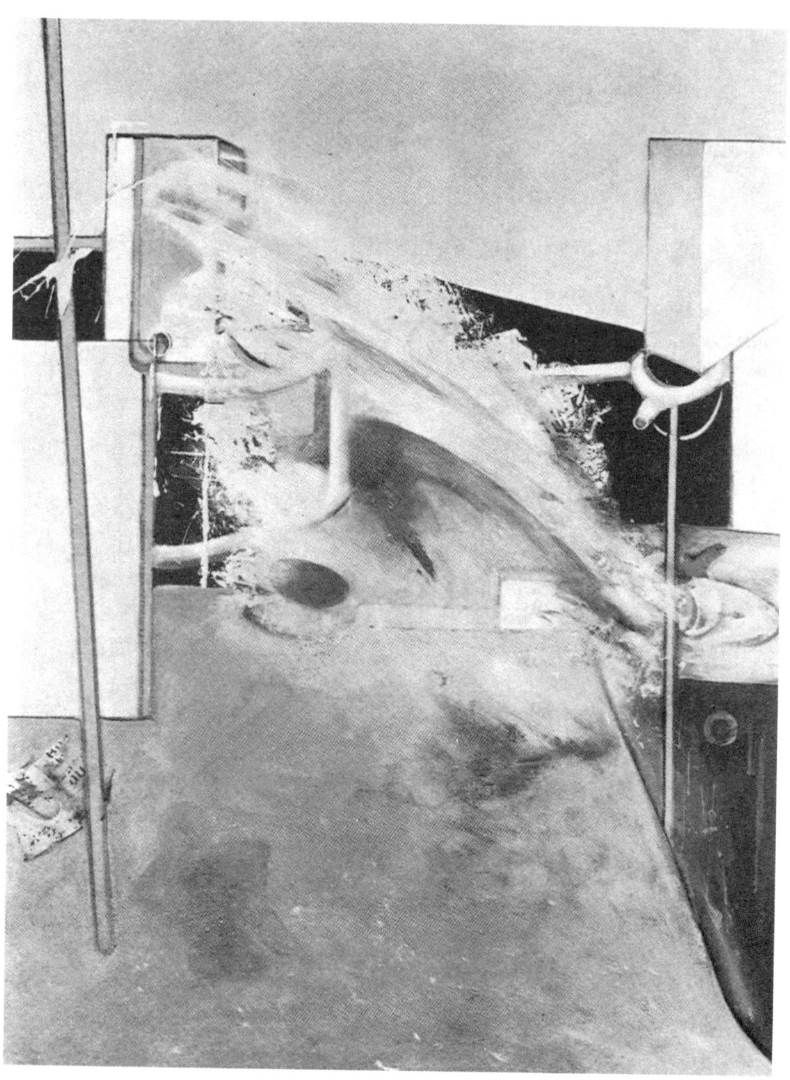

图 123 《水的喷射》，1979 年。

这种变化处于较正常范围内，但是如果能成为拍击在工业结构上的海浪，那会更让人兴奋。也许这种结果，我早该预料到，如果你把水加在画好的结构上，那么它肯定是会变成喷射口的。也许是因为我的自作聪明。可能有那么一天，我能把海浪击岸的景象给画出来。

西　在你看来，其他影像会被《水的喷射》给激发出来吗？

培　我觉得对于一个人来说，难题并不是没有影像可用，因为很多影像都能用，最起码这对我来说并不算难。我能用的影像要远多于我所能制造的，那些随时在脑中划过的影像，是我永远也不能全部用上的。

西　我认为，许多画家可能不会像你这样说。在我看来，他们大多数都被这个问题困扰着，这点似乎从他们的绘画中就能体现出来，他们要画的东西，连他们自己都确定不了。

培　你说的是抽象画家吗？

西　对，当然还有一些人物画家。

培　但是，影像一直就在那儿，而你要如何去制作造型才是问题的关键。怎样做才能让它看起来真实？你对那个东西的真实感觉，怎样通过它忠实地表述出来？或者说如果要让它忠于你的直觉，那么你该怎样做？

西　你所能提出的关于人物画家的实际问题，就只有怎样把它真的呈现出来，而画家能把他想做的完成到何种程度。

培　影像对我来说，是最不缺少的东西，我能用的影像简直多不可数。那根本就不是一个问题。我的确理解不了，这为什么能困扰画家，当然了，我说的是真正的画家。我说这话，并非就是自认为是一个真正的画家了，但我的确幸运地拥有很多的影像。

西 我认为，当今的艺术家被许多问题困扰着，还有现今艺术带给人们的无力感，在我看来就是他们真的不知道画什么所导致的。

培 我觉得有这种可能性存在。当然了，塞尚也好，印象派画家也罢，人们都不会怀疑他们不知道自己在干吗。虽然，马蒂斯偶尔会给我这种感觉，但毕加索从来不会给我这种感觉，他有很多我不喜欢的画，但我从来没有感到他有缺少影像的经历。我感到自己真的很幸运，影像就好像是直接放在我手里一样。我确实认为自己就是个影像的制造者。在我看来，颜色的美丽与否与影像相比，其重要性明显不如后者（图124—126）。

西 那么颜色的神秘性呢？

培 当然了，如果你制作影像用的是颜料的神秘性，那就再好不过了。

西 我觉得你所说的这些特质，在草地与喷射口这两幅画中都能体现出来。顺便说一句，在你看来喷射口蕴含情色因素吗？我知道的，也许你的企图并不是这样的，但有一点很明显，它源于

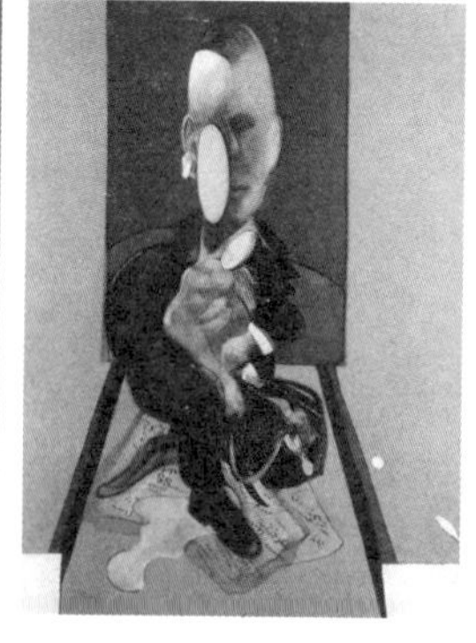

图124 《三联画1976》。

图 125　图 124 右边的画面。

图 126　图 124 左边的画面。

制作的方式。

培 我认为，那仅仅是一个喷射口而已。

西 可能是因为在我看来，这幅画与草地的那张太过相似，它们都体现出一种动物的活力，这并非是自然、规律的，而是动物乃至是人类水平的活力，所以我才把它当作别的东西。

培 我的想法你可以这么理解，我希望它们具有风景的本质和水的本质。这就是我对它们的期盼。

西 在你最近的画中，有一幅是跟一个人物有关，叫《动作中的人物》（图 127），我看那幅画的发展方向是相同的。你说到的本质、消减，在这幅画中，我怀疑同样有这些东西的存在。

培 没错，就是这样的。可以说它是处于同一个范畴之内的。对于一个动作中的人物来说，那是我极力专注的一个常识。也许，正是因此导致了绘画成为职业，只要一个人还能够工作，那么他可能接近这些东西的机会就会大一些。

图 127 《动作中的人物》，1978 年。

访谈八

西 你的画曾被米歇尔·雷里斯评价过，他说你的作品属于一种现实主义。而现在所谓的“现实主义”究竟是什么？你能谈谈自己的看法吗？

培 我觉得我们对于现实主义的看法，从超现实主义发展以来就在某种程度上有了改变，真的，从弗洛伊德就已经开始在改变了，因为我们对此的意识更加深刻了，而且已经意识到现实主义绘画能在非意识的情况下进行。毕加索的例子我觉得就很能说明问题，他在一九二〇年前后完成的画作，比如在迪纳尔画的沙滩上的人物的小画（图128），那幅画我记得是一九二八年画的，我相信它把很多东西都吸收了进去，比如超现实主义，所以，那些影像看上去更加非图像化，但它把人物的部分真实地表现了出来。比如，在画中有个洗浴木屋，而一个怪异的弯曲的影像正在开木屋的门，与图像化的人物去开门相比，前者表现得更真实。

西 我比较在意的是，你说的是“更真实”，并不是“更加像现实主义”或者是“更加逼真”。

图 128　毕加索，《浴者与小木屋》，1928 年。

培　讨论现实主义不仅有“真实”一个方法，它只是其中之一，你不这么认为吗？

西　也不尽然吧。那可能仅仅表明了对你来说，造型所具备的先天真实性更充足而已，换句话说就是，更加有重量，更加有存在感。

培　不对。我所说的“更真实”的意思是，有一个人物，如果我们用图像化的方式把它制作出来，那么效果就没有让他摆出某种姿势来得真实，比如让他去拧门上的钥匙。

西　你想说的是，那张画（图 129）用这种方式来完成要更逼真？

培　对，假如“逼真”这个词让你喜欢的话，也可以这样说。也不对，“逼真”为什么就不能被“真实”代替，我完全看不出有什么不同来。但我所说的“更真实”的意思就是与事实更为接近。

西　毕加索为什么能把真实通过那个影像呈现出来？这也许和十分写实处理的钥匙、钥匙孔和创造出来的人物所形成的对比有关吧？我想说的是，是不是有种姿势所产生的能量通过这种对比释放出来了呢？

培　我感觉是这么回事。在我看来，它不仅带来了外表的真实，还带来了拧动钥匙的非意识真实，它具有主观含义，钥匙插进锁孔被它赋予了一种犀利的感觉。现实主义必须会“再次发明”，此点我十分坚信，它必须是一种一直不停的再发明。梵高曾经写过一封信，信中就提及需要在写实中改变，因此，很明显作假的真实性要高于照实还原。画家如果想要换回真实的张力，这是唯一的道路。我相信，高度人工化是艺术中真实的体现，在它的发展过程中，再创造是必不可少的组成部分，要不然我们得到那些图像化的东西，也就是个二手货罢了。

图 129 《反射在镜子中的写作者》，1976 年。

西 没错。它的造型与影像现在被你再创造了，你把特殊的力量赋予了它，那么造型所能打动我们的因素，并非是它可能体现的生命力与宏大，也不是一个造型能让我们感受到的一些东西，对吗？我们对它所产生的反应，并非是因为它蕴含的质量，对不对？显然，这种反应是关乎我们的经验的，而且关系很紧密，但是这绝不代表我们会用它与其他东西相比吧？假如你看一样东西，与某些东西在真实的层面上很相似，那么，你就必须把它与真实对比才能下此结论。但是也可能会出现以下情况，当我们在观赏某件伟大艺术品的时候，被感动的我们可能并没有把它与真实作比较，这是作品本身的魅力导致的吗（图 130）？

培 显然是这样的。它经过再创造之后，已经有了自己的独特魅力。在我心里，梵高是个了不起的英雄，他不但可以忠实原貌，还

图 130 《为约翰·爱德华兹肖像所作的习作》，1985 年。

能运用颜料使真实事物在视觉上让人产生美的感受。我曾经有一次去普罗旺斯，并且穿过克罗这个地区，他的很多风景画，画的就是这里。我清楚地看到，那里凄清荒凉，不过是一派乡下景象。而他，通过调和颜料让画面极富感染力，再现了克罗地区真实的一面 —— 只有一马平川的空旷土地。你想要的就是那样的力量。说到肖像画，其关键是找到一种技巧，使人物看起来似有脉动。肖像画之所以如此让人着迷，如此难成就，就是缘于此。当人们想为自己画像时，多数会去找学院出身的画家，其中有一个原因就是，他们只满足于得到一张彩色照片，并不在意画里是否能抓住一个真正的自己。被画的人有血有肉，是个散发着个性光芒的个体，你应该要捕捉的正是那种光芒。我这里所讲的并不是精神之类的东西，那个东西我自己都不相信。可是，不管是什么人，他都是一个放射源，只不过强度因人而异罢了。

西 假如“放射”这个词语让你不喜欢的话，那么你能解释一个人所释放出的那种能量么?

培 用“能量”这个词更好。世间的任何东西都有表象，而能量就存在于表象之中。能量非常狡猾，想让它钻入你的陷阱是非常困难的事。一个人的表象自然与他的能量保持着紧密联系。所以，即便我们走在喧闹的大街上，也还是能把隔着一段距离的熟人认出来，他们的走路姿势、动作都是你判断的依据。但是，如果只通过制作姿势来完成肖像画的话，我不知道自己能否做到。好像一直到现在，情况也没有发生变化，脸孔一直都是画肖像时要最先记录下来的。他们的脸上都散发着能量，而你要

图 131 《为吉尔伯特·波顿肖像所作的习作》，1986 年。

做的是把这些能量捕捉到。

西 所以，这就是你试图把能量与表象，通过画面上的造型同时捕捉的原因？

培 是的，但处理表象的机械方法，必须要全用上才行，这也就是说，画家必须用更激励、更简洁的方式作画（图 131）。必须要用有张力的方式才有可能把生命记录下来，你也能把它理解为一种被修饰过的简单。我指的并不是基克拉迪群岛的雕塑，那种对雕塑的简化手段，所能呈现出来的只有一种腐朽；我指的是埃及雕塑，它的简化结果就呈现出了真实。你想要的强度，只能是通过缩减凝结才能得到的东西。

西 但是，你不仅要缩减，还要加上节奏，也就是有人所说的变形（图 132）。你把眼睛看到的用特殊的手法给扭曲了，而且这种手

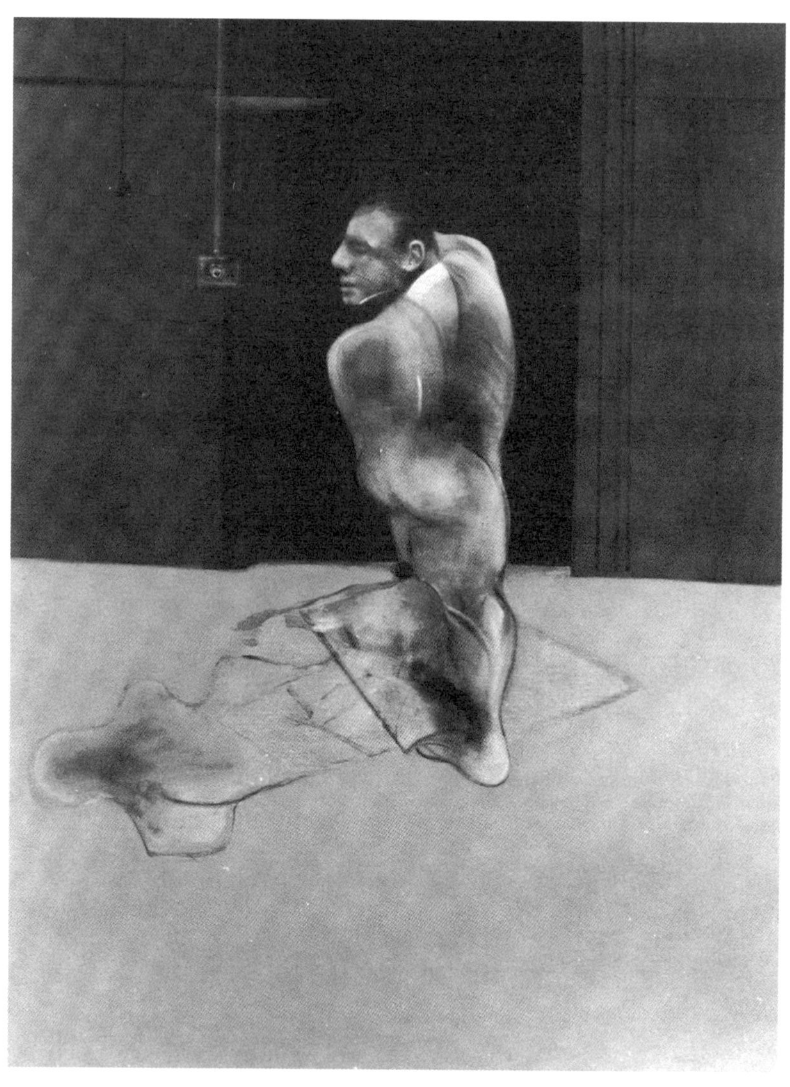

图 132 《为约翰·爱德华兹肖像所作的习作》，1986 年。

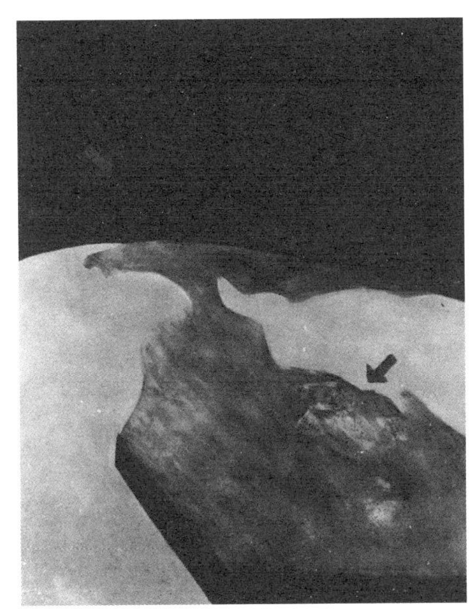

图 133 《一片荒原》，1982 年。

法似乎能被当作是你对生命的一种态度吧。

培 我认为，这是曲解了我的意思。我完全是在美学的基础上才施加的造型变形（图 133），我认为影像这样处理能更尖锐、更正确，这才是我的出发点。

西 很多现代画家都自由地扭曲物体，这点跟你很像，那么这是什么原因呢？他们为什么不像埃德加那样省略呢？

培 在埃德加的那个年代里，摄影技术比现代落后很多。而且，提起埃德加可不要忘了，他最出色的是粉彩，他的粉彩画中的影像，通常都是被构成造型的线条穿过的，而它的真实性可以说在无形中被这种做法强化了，而且也多方面地把真实性给呈现了出来（图 42）。有一个现象非常有趣，就是埃德加总是用线条从身体贯穿而过，你可以认为那是对身体与影像的封闭，而在这之后，他会把大量的色彩添加在线条之间。而且在他把造型封闭之后，强度就被放入肉体的色彩给撑了起来。而画家的表现必须要更加激烈，尤其是在电影技术及其他记录形式更加完美的时候。“再发明”现实主义是他必须要做的。他的发明是他自己必须依赖的，这样才能够让现实主义回归到神经系统上，自然现实主义那样的东西从此就消失无踪了。意外的影像一般情况下几乎总是更真实（图 134、135），而导致如此的原因是什么，有人知道吗？也许是因为大脑没有能够干扰到它，于是它比起被干扰过的东西，更纯、更真实，是这样吧？这点看起来似乎很像儿童艺术，那种非常小的儿童所创造的艺术，这点你能看得出来，超过了七八岁的孩子，甚至是比这还要小的孩子，如果被环境所干扰，那样的话他的自发性与生命力也就不见了，这样创作的作品也就是乏味的东西。但儿童艺术的弊端就是，哪怕是最好的作品，也是有瑕疵的。

图 134 《三联画》，1986—1987 年。

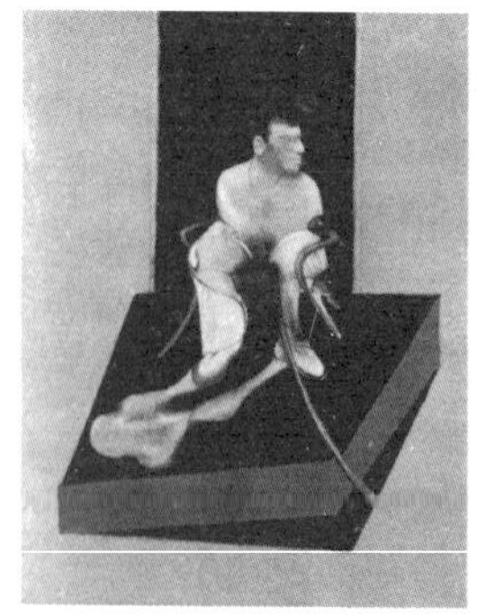
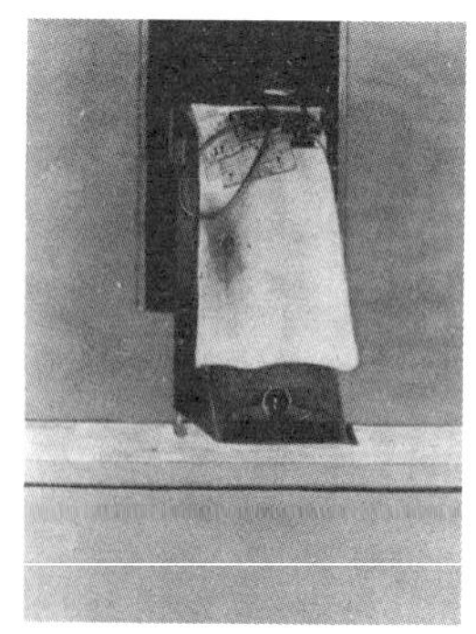

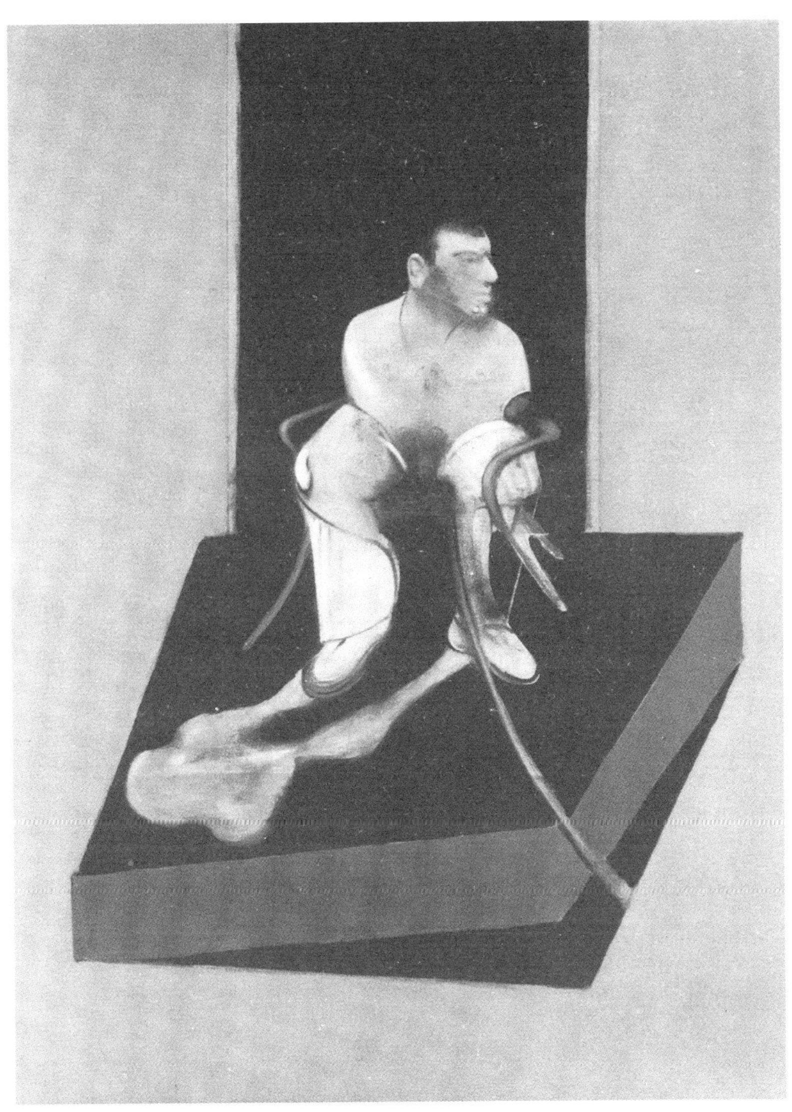

图 135　图 134 中间的画面。

西 你在说起来自非意识且没被意识思想修正过的影像作用的时候，我觉得作品会被意识思想介入的危机诱导，从而向顺应传统道路与艺术为何的可接受观点靠拢，或者是与现实主义相契合。在你看来，是否有可能创造出一种写实语言，而它能与近几个世纪以来的欧洲艺术区分开来呢？

培 我也不知道。或许你会发现，能这样做的人有很多，但你也很清楚，那些人总是想回头，他们想让物象轻易地被接受，毫无疑问，他们的作品都没有什么强度可言，也确实没有任何意义。

西 怎么会没有意义呢？

培 我们复制与观看艺术的方法十分多样化，各种艺术已经深入，将我们渗透（图 136、137），而我们对此的免疫力也在增强，因此，你才会对新的影响与创造真实的新方法产生渴望。人们终究是喜好发明，他们并不想再三地复制曾经。而希腊与埃及艺术结束的原因也正在于此，它们没有创新，总是在复制自己。所以，我们不能再去做复制文艺复兴或者是十九世纪的艺术等事情。全新的东西，才是你想要的。它们是一种锁住真实的全

图 136 《三联画——源自埃斯库罗斯》，1981 年。

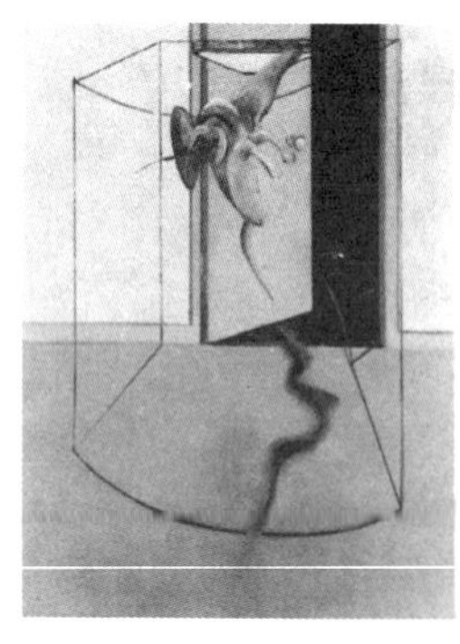
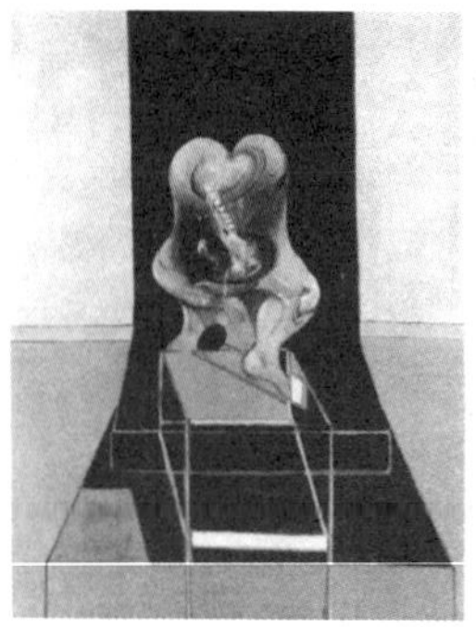
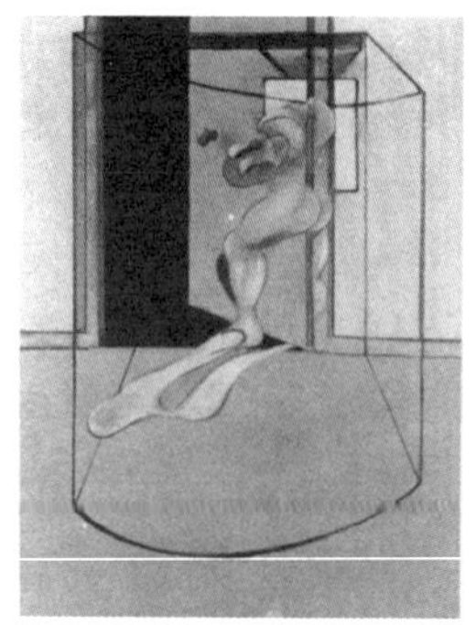

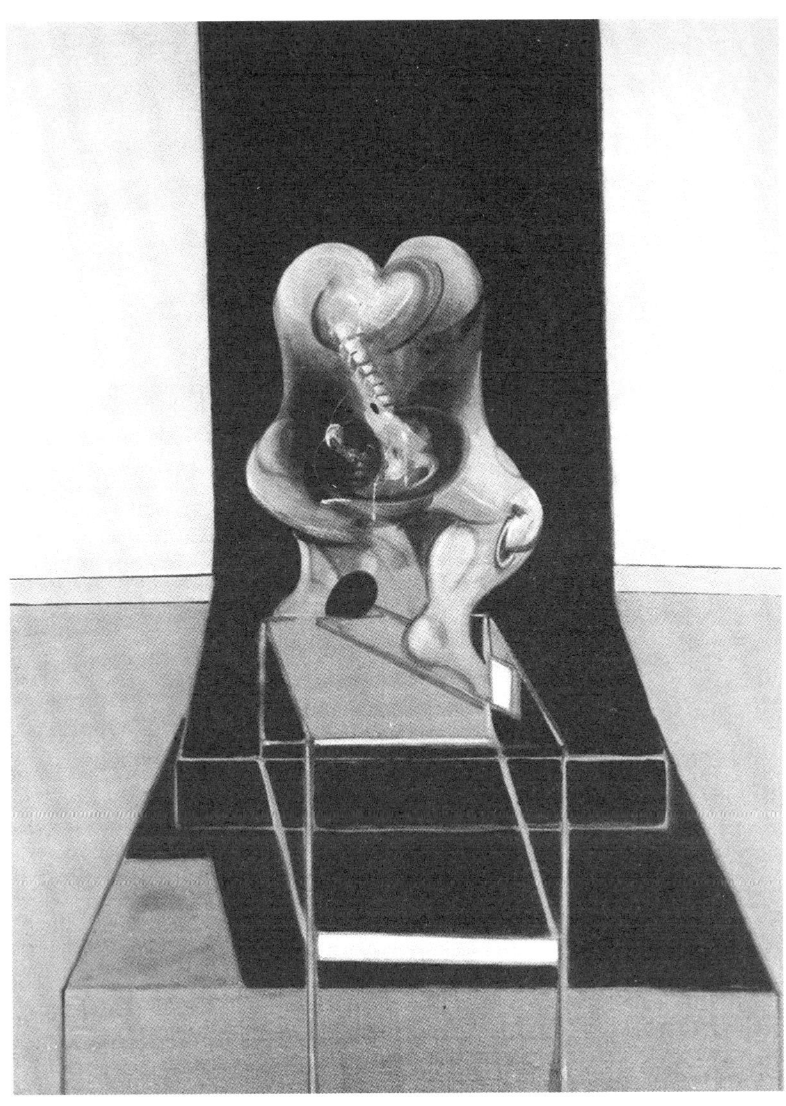

图 137　图 136 中间的画面。

新发明，而不是图像化的现实主义，是能让真实尽情表现出来的一种现实主义。

西 是彻底地尽情随意，还是彻底地人工化？

培 我说了是尽情，但是人工化这个说法我也很喜欢。

西 当然了，说尽情随意也是没错的，但是我觉得在一个必要部分，无法避免地要出现没有预期外力的情况。

培 是这样的。我想杜尚画的《大玻璃》跟这种情况十分类似，他的这件作品完美地凸显了抽象主义与现实主义的问题。

西 甚至毕加索也有这样的情况吗？

培 我觉得有这种可能性。尤其是这件作品很不容易诠释，因为它实在是太含糊了。

西 我觉得有个很好的例子，就是你最近完成的男性裸像，你把击球手的护具画在了裸像上，而且，我在你的工作室中看到了大卫·高尔的摄影集，我猜，你的构思是受那本书的启发吧。

培 蟋蟀是我总能看到的昆虫。当我在创作这个影像的时候，也不知道为什么，但我突然觉得这样做真的能强化这幅画，让它在视觉上更真实，就好像长了蟋蟀的翅膀一样。是什么原因导致我这样做的，我也解释不了。

西 在我看来，你所说的这么多东西之中，真实与造成真实的人工结构间所产生的张力、把不同真实并置所产出的张力，才是你最在意的东西，而作品中联系真实的直接性对你来说，反而是最无所谓的。

培 主题的真实性只有在人工结构中才会被抓到，主题会被陷阱关住，而真实则被留了下来。所以，无论主题如何薄弱，它都是你开始作画的第一切入点，然后你才能捕捉其中的真实性，当然了，你要先构建一个人工结构。

西 那么，看来主题就是诱饵?

培 没错，主题就是诱饵。

西 那么，被保留下来的真实性是什么，剩余的部分?它与最初的主题间有着怎样的联系呢?

培 它们之间没有任何必要的联系，但你所创造的真实性，是与那留在位置上的主题相对等的。因为你总得要从某点着手开始，所以主题是你的着手点，假如进展顺利的话，主题就会渐渐地凋零，而只有我们所谓真实的剩余部分能留下来，也许它跟最初的主题联系甚微，一般情况下，这两者间已经毫无关系了。

西 说起你所从事的现实主义，马蒂斯晚期的色纸拼贴被你摆在什么地位?尤其是你很欣赏的裸像。

培 很多人对马蒂斯都有强烈的感情，但是，我并不会这样，他给我的感觉总是过于抒怀，而且有浓重的装饰味。可他的一些色纸拼贴没有给我这样的感觉，但在我看来，他写实的成分实在是太少了。我想可能就是这个原因导致毕加索能更加吸引我。怎么说呢?毕加索所表现出来的那种野蛮事实是马蒂斯所不具备的。在我看来，他从未有过毕加索那样的发明，我觉得抒情已经被他用来替换真实了。他做不到毕加索那样的野蛮事实。

访谈九

西 现在我想要问一些现实的问题。基本上都是关于你的工作方式，但在那之前，我要了解一下你早年的生活，也就是你在爱尔兰和英国的早期生活。

培 我的父母虽然都是英国人，却是在爱尔兰生下我的。父亲的工作是训练赛马，我们家离柯里奇不远。这地区会集了很多的驯马师。我是在一家都柏林的疗养院里出生的，那家疗养院位于基尔代尔郡里靠近基尔卡伦小镇的地方。我们的住所有个名字，叫康妮屋。第一次世界大战爆发前我们一直都住在那里，“一战”爆发的时候我还不满五岁。父亲进入陆军部，我们也搬到了伦敦的威斯邦尔。记得当时灯火管制得很严，他们用喷水器把含有磷光物质的东西喷洒在公园里，想以此来迷惑德国人，让他们误以为那是伦敦的灯光，这样德国人的炸弹就会被投到公园里，不过这种做法起不到任何作用。战争期间，我在那里生活了一些日子。后来我们就过着漂泊不定的日子，时而住在英国，时而住在爱尔兰。战争结束后不久，父亲买了一幢房子，那幢房子的名字叫法摩莱，地处莱克斯郡的阿比莱克斯。这以前是我外祖母的房子，父亲从她手中买了下来。外祖母有一些怪癖，她几乎不能在一个地方长住，总是不停地变换着住处。父亲与她的关系并不是太好，很微妙，父亲非常不喜欢她，但是他们经常会把房子交换着住。法摩莱很漂亮，房子后面的房间都是呈弧形排列的。我觉得有些东西对于人本身所能产生的影响，是每个人都不了解的，现在想来，我在三联画（图 138—140）中经常用圆弧背景，也许就是有些受此影响吧。只是没有一个住所能让我的父母非常满意，因此我们频繁地换住处，在一幢幢的房子间流转。后来，他们又回到英国，住进林顿楼。它位于两个州的交界处——格洛斯特郡与赫特福德郡。但是，他们在那里生活的时间并不长，不久就搬回了爱尔兰，住到叫斯特拉梵的地方，这里离纳斯不远。

西 你是在哪里上的学呢？或者是你压根没有上过？

培 我在切尔滕纳姆曾住过一些日子，并没有多长时间。那儿有所名为丁克洛斯中学的小型公立学校，我就在那里上的学。我很讨厌那里，所以经常逃学，后来就被开除了。在那里我差不多

图 138 《自画像习作——三联画》，1985—1986 年。

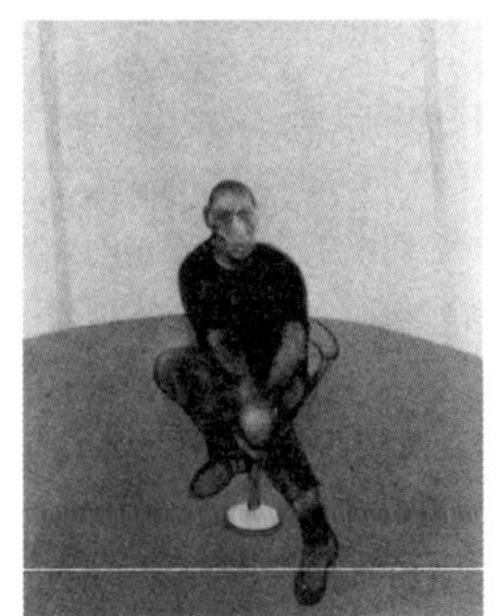

图 139　图 138 左边的画面。

图 140　图 138 中间的画面。

只住了一年左右。我受的教育并不多，可以说很少。从十六岁起，母亲开始给我一些零用钱。她出身于弗思钢铁家族，这个名字你也许在刀子上看到过，所以她是有点儿钱的。她那时一个礼拜给我三英镑，这点儿钱足够我在那个时代生活了。我去了伦敦，后来又去了柏林。人们总是会去帮助年轻人，因为你的年轻让别人喜欢，我就这样被人给捡走了，这点你可以随意理解，然后我住进了阿德隆酒店。那家酒店给人的感觉特别美妙。现在我都记得，早晨的早餐车，四个角的扶手造型是曼妙的天鹅长颈。对我这个从爱尔兰直接来到柏林的人来说，夜晚这里的生活实在是太刺激了。但是，我在这里生活的时间很短暂。之后，我又去了巴黎，在那里生活了一小段时间。当时罗森堡举办了毕加索的展览，我有幸观看了，这让我萌生了从事绘画的想法。

西 你父母对你的这个想法是什么态度？

培 我们当时的关系有些糟糕，相处得并不融洽。我想要成为一名艺术家，而这个想法令他们感到惶恐。他们认为我如果靠这个生活会被饿死，所以反对得很坚决。我的家庭生活说起来不能算是快乐的。我有两个兄弟和两个妹妹，其中一个兄弟去罗得西亚当了警察，在赞比西河暴发洪灾的时候被派遣到那里，在工作中他不幸得了破伤风去世了。但死得最早的是我最小的弟弟。小弟死的时候，是我唯一一次看到父亲流露感情，在我的记忆里，从那以后再也没有看到过了，他特别喜欢小弟，真的。我跟父亲并没有任何真正意义上的关系。我并不讨他喜欢，对于我要成为一个艺术家的想法，他也很不喜欢。在此之前，我的家庭从来都没有人从事艺术行业，我的这种想法在他们看来完全是不可思议的。实话实说，我真正开始认真地画画，是在很多年以后。期间，各种稀奇古怪的工作，我都干过。为了练习速记，我学了快速写作，后来还发明了自己的快速写作。我做各种不同的工作，也在很多家公司都干过。我曾在批发商店那儿干活，就在波兰街那里，干的活也只是接听电话。仆人这个活我也干过，我服务的对象是住在麦克林伯格广场的人，当了七八个月的厨子和普通仆人。那个时候，我每天必须要在早上七点钟到那里准备早餐，做的家务并不多，也就是把床铺整理一下，走得很早，但是晚上还得再去一趟，我得在下午七点为老板做晚饭。我的雇主是个律师，具体在哪里工作我也记不清了。我现在都还记得，当我跟他说要辞职的时候，他对别人说："他为什么离开？我真搞不懂了，根本什么都不用他做。"我感觉自己的厨艺还不错，这得自我母亲，她的厨艺就很好，还教了我一些。这些工作，都是我曾做过的。战争爆发以后，我参军被拒绝了，因为我有严重的哮喘，这是家族遗传，一辈子也摆脱不了。我觉得他们拒绝我，是不想给抚恤金，因为一给就是一辈子。他们把我编入了后备部队，但我的病情让他们也不肯收留我，因为我的气喘太严重了。所以我只能够靠自己了。我开始画画的时间大约是在一九四三年至一九四四年间。而在此之前的生活，还真的没有什么具体的东西可言。

西 那个时候，我记得你刚刚搬进工作室，我头一次遇到你，是在一九五〇年。那个工作室在克伦威尔地区的米莱斯，是间老房子，你现在还留着它呢。

培 那间房子用在工作上，是非常不错的。但是，你知道的，当时战争已经开始了，天空中不停有炸弹被扔下来，工作室的屋顶整个都被炸烂了。我经常作画的那个房间很大，最初并不是设计成工作室的，而是间台球室，跟爱德华时代的人们在屋后用的一模一样。不过那个房间作为工作室，还是很好的。有很多原因促使我不得不离开那里，其中一个就是，我非常喜欢的一个人死在了那儿，我待不下去了。有两件让我后悔终生的事情，第一件事就是，我放弃了那个地方；另一件是，我把小街的房子放弃了。

西 那是幢能看河景的房子，也很漂亮。但是，我并不认为你在那里完成过什么作品。

培 我有过尝试，但是，工作总是因为各种原因无法顺利进行，比如每当泰晤士河涨落，潮水漫入、夕阳西下的时候，屋里总是会光线暗淡，这让我无法集中注意力去工作。但不管怎么说，东端在伦敦真的是处极好的地段，而我却放弃了它，真是非常后悔。

西 至于光线这个问题，我记得你在国王路工作时也是存在的，那是二十世纪五十年代初，你放弃了克伦威尔的工作室，那之后，迈克尔·阿斯特把这间工作室借给了你。

培 虽然那间工作室很漂亮，天窗也很漂亮，但是因为那些树木，我没有办法在那里安心地工作，它们总是在刮风的时候乱晃，而且工作室的光线也是随着树木忽明忽暗的，这几乎就像是让我在水里作画。

西 我对你在二十世纪五十年代初的那几个工作室（图 141）记忆很深刻，包括亨利的那个。但是，你现在的工作室用的时间可不短了，对不对？

培 我来这儿的时候是一九六一年，已经在这儿工作二十多年了。看房子的时候，我就觉得在这里工作没错，没有任何理由。环境总是能够轻易地影响到我，这点你也清楚，比如房间里的气氛等等。当我迈步进入这房子，那一瞬间我就感觉到了，自己可以在这里工作。在巴黎的那间房子，给我的感觉也一样。虽然那儿只有一个房间，但迈进去的瞬间，我就知道，这就是我工作的地方。

西 你在那里做的事，实际上并没有达到预期目标吧？

培 没有我期望的那么多。我发觉一件事情，巴黎对我来说，要比

图 141　培根工作室。

伦敦陌生很多，因此，在伦敦工作的话，要比在一个陌生城市工作更顺利一点儿。

西 还有件事情，五十年代，你在丹吉尔干什么？

培 我在作画，也的确是画了些东西出来，但是都不太好。我觉得有可能是光线的原因，那里的光线实在太强烈了。我尝试在各种不同的地方工作。我也尝试过在蒙特卡洛工作，但那里的光线也太强烈了，让我非常不习惯，看来我的工作好像受光线影响很大。

西 你喜欢这间工作室的原因，是否因为它的光线呢？

培 不是。我必须要把天花板给拆掉，这间房子的光线很特别，它的朝向是东西向的，因此采光不足。但是这个房间有一种适合我工作的氛围，这是无法解释的。能工作或者不能工作的地方，你就是能感觉出来。很奇怪，有人能解释一间房子的氛围吗？这点我也不知道。我猜，也许跟房子的建造方式有些关系。它跟相邻的房子一样，天花板都很低矮，但我把天花板给拆掉了，把加上小天窗的想法上报给委员会，他们同意了。

西 这个地方一定是非常令你喜欢。记得你对我说过，若是你要拿着画布上下楼梯或者出入房间的话，很不方便，剩余的空间特别小，甚至仅有一英寸。尽管这样，你在这里还是待了二十年。

培 这种混乱给了我一种家一样的自由感，而且混乱能够为我提供影像素材。怎么说都好吧，我就喜欢生活在混乱中。其实，就算我离开这里搬进新房子，用不上一个礼拜，房间也会混乱起来的。当然了，我喜欢干净的东西，像是盘子之类的东西如果脏得不行，我可不想看到这种情况。这种混乱的氛围，却让我很享受。

西 也许是因为在这份混乱中，工作起来能更容易些吧。假如说，从事绘画或者写作，就是在从事一项恢复混乱秩序的工作，但你的工作地点是这样的杂乱无序，这也许是种无意识下创造秩序的刺激吧。反过来看，假如你所工作的地方，一切都是井井有条的，这样你做任何事情都没有动手的理由了。

培 没错，你这种观点我绝对赞同。我买过一间很漂亮的工作室，位于罗兰花园的拐角处，那里的光线非常完美，我把它装修得很好，把地毯、窗帘这些东西都换了一遍，但我无法在那儿工作，最后实在没有办法，转让给了朋友。它被装修得太豪华了。我在那所房子里，总是有种被阉割的感觉。它被我装饰得太好了，失去了那种混乱的氛围。还有一件事情，也是关于混乱的，那就是灰尘，也能被我用来作画。我在布列塔尼看见了那儿的沙丘，画它们的时候用的就是工作室里的灰尘（图 142）。把这些灰尘从地板上收集起来，真的是极度麻烦的一件事情，灰尘有很多，我把它们黏在图画上，诸如此法你应该能理解。我要做的只是取来破布和灰尘，把灰尘涂抹在未干的颜料上，然后等颜料彻底干了，再继续处理，跟处理那些粉彩的手法没有什么不同。有一幅早期的作品，它被挂在泰特美术馆里，就是那幅埃里克·霍尔的画像，画上的西装看上去十分整洁，实际上就是用灰尘画出来的。我画它时只涂了很薄的一层灰色颜料，剩下用的都是从地板上取来的灰尘。在我看来，灰尘似乎永远不会消失，是一种能够永远存在的东西。它能引起我的兴趣，我也愿意看到它永远不变，即使过了四十年，它还是很新。我使用粉彩，目前面对的唯一问题就是，很多灰尘被染了颜色。灰色西装最好能用单纯的灰尘来画。灰尘本来就是一种粉彩，也许持久性比粉彩还要好，我说的是真的。但也说不好，可能还不如粉彩，事物能保持多久我也不太清楚。但事情大概就是这样了，我当时在想，怎样才能让法兰绒西装那种“绒”的感觉显现出来。想着想着，突然就想到，可以用灰尘试一下。你能看到，它与真正的灰色法兰绒西装极其相似。

西 我必须要做的一件事情，就是再仔细地把泰特美术馆的目录检查一遍，我要看看媒体对这幅画的描述，究竟正确与否。

培 对了，这样的事实，他们自然是不会喜欢的。那也许被他们认

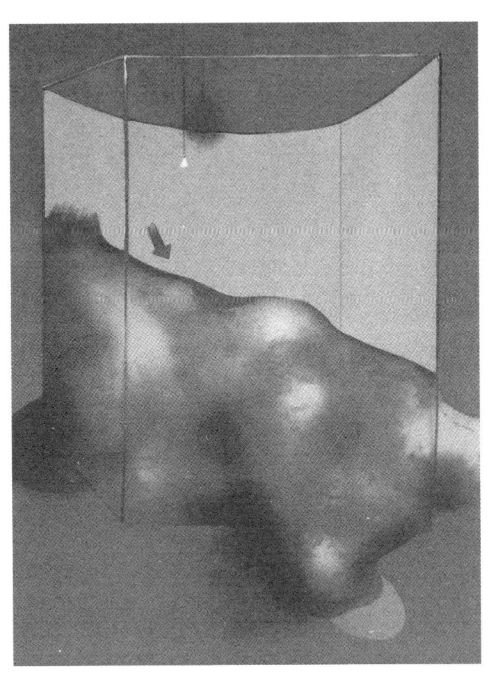

图 142 《沙丘》，1983 年。

图 143 《在风景中的人物》，1945 年。

为是粉彩或相似的东西。但是，那仅仅是灰尘而已，如果把这些灰尘用在一幅其他的画上，比如画沙丘的绘画，灰尘与这幅画要求的颜色倒是很契合，而且能让它更有质感。

西 我们在谈工作室的话题时，你总是把光线挂在嘴边，因此，我觉得你在作画的时候，主要依赖白天的自然光。

培 对，没错，我画画的时候，基本上都是在太阳光下。我年轻那会儿，经常工作到深夜。但现在，我都是白天工作，依靠日光作画。

西 你会在白天画一半，然后晚上继续画吗？

培 有时候也会这么做，但是这得看绘画的进展，如果已经达到了一定程度，而且我感觉很顺利的话，我会继续的，哪怕是在晚上。

西 你一般都是早起作画的吗？

培 对，我很喜欢一大早就开始画画。早上让我感觉自己特别自由，而且比晚一点要顺利，所有的东西都会更加容易一些。我也知道有许多画家，他们普遍的开工时间都是在中午，然后一直工作到晚上才停止，但我感觉对我来说，早晨是最好的工作时间。

西 你会一直画上几个小时而不休息吗？

培 这得看工作情况，假如进行得很顺利的话，我就不会休息，而会继续画下去，但有的时候，即便是进展得不错，我也会停止工作，因为我感觉假如休息个十来分钟的话，会让我把正在做的给忘却，然后就能反过来好好地观察它了。

西 你总是说，自己画画的时候特别喜欢独处，比如说，你甚至在画肖像的时候，都不喜欢看见那个被画的人。

培　一个人的话，会让我感到更能放开自己，但对有些画家来说，我相信他们的创意会在被人们围绕时激发出来。但很可惜我没有这个能力。如果独处的话，我发现自己能更好地遵从颜料的指挥。所以，被我放入画面中的影像会给我指引，而且慢慢成形。我喜欢独处就是因为这点，能和自己的绝望相处，希望能在画布上有所作为。

西　你会在画画时开着收音机吗？

培　不会。有时候会听音乐，但我不是那种能欣赏的人。我本身就是喜欢在这里独处。反正我就是一个工作在云雾里的人。晦涩不清的工作让我特别讨厌，但我的工作却是在知觉与感觉的云雾里进行着，有想法的时候，就尝试着把它具现出来。当我认为有用的东西出现时，我会变得很明确。在我看来，那与你的批判感官不无关系，一个开口突然间出现在你的面前，一个你从没有预见的影像正在其中缓缓升起。

西　我猜，你一直都是个即兴而为的人，在画大篇幅人物画的画家当中，你绝对是个特殊存在，因为那些事前的素描与油画草图这些东西，你通通都不需要。

培　我在画布上用笔刷很简单地打上一些草稿，它们只是一些物体的大概轮廓，都很模糊，有了它们，我的工作也就正式地开始了，我一般用特别大的那种笔刷，直接画，一点点地完成它。

西　我们做个假设，如果人物达不到一定的真实程度，那么，你是不会去画背景的，是这样吗？

培　是，你说的没错。背景一般都是被我放在最后的阶段。

西　比起你三十年前画的稀薄深蓝、黑色背景来，这种步骤显然有了改变。那时背景通常是要先画的，接着你才会在背景上面作画。

培 对，我那时经常会把稀薄的色彩涂在上面，在画影像之前，我会把一些亚麻仁油与颜料的稀薄混合体涂满画面。但现在，我画背景基本上用的都是亚克力颜料，虽然用它做背景，但我不想在那上面画画，因为我很喜欢帆布对影像的吸收作用，特别是没有加工过的帆布。

西 这就是你一直在不打底的画布上作画的原因？

培 对。

西 但是反面的话，一般都是用油性打底吗？

培 是的。

西 涂抹背景会被你安排在什么阶段进行呢？

培 当影像让我感觉到已经在某种程度上形成了，我自然会把背景添加上去来看看效果，接着继续做接下来的工作。

西 当绘画进行到某个阶段的时候，你是否发现自己必须要改变一些背景的颜色呢？

培 一般情况下，背景的原色都会被我保留下来，你很难去改变它，因为你用的画布是没有打底的。而且你必须知道的是，我在不打底的画布上是用粉彩画的一些背景，因为这样得到的色彩会更加强烈。对于不打底的画布来说，粉彩的吸附能力很不错。这跟用那种很粗糙的纸张或是粉彩专用的纸张效果相同。二十世纪四十年代末期，那时的我还在蒙特卡洛，而用不打底的画布作画的想法就已经出现了。那个时候的我，是个穷光蛋，可能都输在赌场里了，但那时候我正好有些画布是用过的，于是它们被我翻过来继续画，我才发现用不打底的那一面，工作起来更加容易。从那以后，我作画都是用没有打底的那一面。

西 接下来的问题可能很不容易概括，你完成一幅大尺寸的三联画，大概要用多长时间？

培 我想想，大概是两三个礼拜吧，有时候也会长一些，大概两个月左右。

西 对于现在的你来说，某幅已经让你花了一个礼拜工夫的大型画作，还会被你轻易地放弃掉吗？

培 假如那幅作品已经让我在上面耗费了一段时间，却一直感觉不对，我还是会把它毁掉的。因为，作品的颜料一旦凝滞了，你还能做些什么？我很喜欢让颜料保持崭新的感觉。

西 有时候，你会把一些拿走的画取回来继续创作，比如你会把送往马乐伯画廊的作品取回来，然后又继续画。那么，对同一幅作品的第二次创作，你感觉成功与失败谁占得多一些呢？

培 说真的，我经常让画被取走得过早，因为这些画假如一直在这儿，我就忍不住去反复修改这些作品。而从另一面来说，每当有作品被取回再加工的时候，它们对我的帮助十分巨大，这一点我心里特别清楚。这些帮助让我总是能加上一些新东西。雷诺阿不就曾说过嘛，一个人完成一幅作品，应该让它在墙上搁置三个月，这样就能把最初的企图忘却，然后再回来看作品，对比一下企图的结果如何。

西 你会这样做吗？

培 我不会这么做，我住所的空间并不宽裕，可以说很狭小。但是，这个观点我确实同意。三个月的时间，这已经足够让你去忘记先前的企图了，所以你看待作品的眼光是全新的。

西 我想起了一幅画，那是一幅在完成了几年后被再次修改的作品，就是一九七四年完成的那幅三联画（图 103—106)，你在一九七七年把原画面中那个斜躺着的人物去掉了。

培 我觉得把那个人物去掉，看上去更舒服一些。我想它被我成功地遮挡住了，可能永远也回不来了。我可不想让你再看到它。起码在我活着的时候，希望它不会再出现。

西 那么，你作品的标题都是怎么想出来的?

培 我特别想用不具名的标题，也尽量这么做了。于是那些作品被我以为了这个或那个所作的各种习作命名。它们有部分会被马乐伯加上标题，这样能对他们记忆画面的内容有所帮助。还有为了方便展览之类的事情也算一个理由。比如，我的一幅画就被他们叫作《三联画——源自艾略特的诗作〈斗士斯威尼〉》(图 100、101)，他们向我询问过影像的由来，我当时正在阅读《斗士斯威尼》，于是就把这个告诉了他们，然后他们就这么命名了。很多标题都是这么来的。但是，我真的想把不具名性质的标题尽量保持下去，因为我感觉影像当中已经有了标题的存在，如何去解读它，人们完全可以凭借自己的感觉来给它命名。

西 你确实是想要给观众留下自由的空间，让他们自己去消化看到的东西，然后去按自己的意愿解读画面。但有时候错误的解读是无法避免的，你真的不会因为一个粗人的错误解读而愤怒吗?

培 不会，我不会因为这个而生气，事情肯定会这样，这点我知道。我的意思是，人们想要如何去解读某样东西，完全是他们的自由。我对自己的作品向来不做过多的解释，不要被我的话误导，我并不是被灵感包围的，这只是工作而已。也许我仅仅是单纯地出于对它的喜爱，才这样做的，但解释作品这种事，我是从不会尝试去做的。真的，我不想对任何事情进行说明解释，我单纯地是想要做些东西罢了。在刚开始作画的那个时候，我从来不奢望它们会被卖出去，就是想要让自己兴奋才作画的。尝试从事其他工作来谋生这个想法，也曾在我脑中不断闪现。尽管我很幸运，慢慢地已经有人来买我的画了，而且我现在的生活也是靠卖画，但是那份在别人看来我所拥有的不在乎，我认为依然被保留着。

西 在你的工作中真的没有观众存在吗？

培 除了自己，我应该为谁而工作？为观众工作？怎么工作？观众想要什么，我怎么能猜到呢？我只需要让自己兴奋，没必要去顾忌别人，所以说，我总是很惊讶于有人对我作品的喜爱。能够靠自己喜欢做的事情来谋生，如果这就是你所谓的幸运，那我当然是很幸运的了。

西 你基本上不会去接受画肖像的委托。

培 很少，基本没有。大部分人希望被自己的肖像取悦。有个很怪异的情况常在画肖像时出现，那就是人们已经把自己的相貌预先设想好了。假如你的画与他们的设想有了偏差，那你的作品就别指望他们会喜欢。而且我画肖像也分对象，我更喜欢对象是我喜欢的人，喜欢这个人本身，也喜欢他的外貌。我有个发现，对我来说最困难的就是给不喜欢的人画肖像。也许给他们画一些讽刺的画还能办到，更过分的讽刺我都可以。

西 反正你也不用强迫自己。现在艺术家的工作环境很好，对你来说好像也合适。画自己想画而且喜欢画的，画完就往画廊一送。

培 确实，对我来说，这种情况再适合不过了。我从未被自己的画廊打扰过，他们也不会这样做。我一直都处在独处的工作状态，而当我想把完成的一些东西送走时，他们就会来取。那些东西他们也许会卖掉，可能也卖不掉。

西 所以说来，你对作品的态度似乎与当今社会的契合度更高一些？

培 从生活的角度来看，我想要的是自由的生活。我所期望的，不过是想要在一个好的氛围中工作。从政治上说，我偏向于“右派”，因为“左派”实在太过理想化了，总是被这些理想化的东西拖累，而“右派”则并非如此，相比较来说还算自由。从我的角度来看，总是感觉“右派”是两害相较取其轻的选择。

西 成为艺术家，尤其是现在要成为一个艺术家，有什么必要条件？说说你的看法。

培 我认为是有很多条件的。对于画家来说有一点很重要，既然你决定要当一名画家，那么当别人嘲笑你的时候，你就不能选择逃避。还有一点就是，能够发现一个主题，一个真正让你有尝试欲望的主题。我觉得，如果你缺乏主题的话，那就自然会像多数人那样，选择修饰的老套路，因为没有主题能把你吸进去然后再吐出来。通常情况下，困难的处境都是伟大艺术诞生的摇篮。而且，在今天要成为一个画家，古今的艺术历史是你必须要掌握的，哪怕只是一些粗浅的皮毛。你看我就是这样，关于艺术的东西我都会去看，记录性的书籍也读了不少。比如关于野生动物方面的书我就常看，那里的影像总是能激发我的灵感，总会有其中一个引发我的思考，考虑怎样在人体上应用它。有一本过滤器影

图 144 《为自画像所作的习作》，1982 年。

像方面的书我买了很多年了，那里只有各种液体过滤器的图片，但它的形状为我打开了一扇大门，让我看到了其在人体上应用的许多可能性。在我看来，人体本身就具有过滤器的特质。我也会去电影院，观看各种各样的影片。有一点我非常确信，那就是爱森斯坦的电影对年轻的我起了教化作用。而之后就是布纽尔的影片，特别是他早期的作品对我的影响也是非常大的。我觉得，他在用极度精确的手法处理影像。我不能确定他们是否对我产生了直接的影响，但是起码从视觉观点上说，他们通过呈现制作的准确影像确实影响了我的态度。

西 安德烈·巴赞写的东西你看过吗？布纽尔的残酷在他看来，那就是一种手段而已，一种重新发现人性的手段。

培 布纽尔真的有那样残酷吗？似乎艺术里的东西就没有什么是不残酷的，事实就是如此，真实往往都是残酷的。所以，这也许就是那么多人迷恋艺术中抽象性质的原因，因为抽象能够有效地避开残酷。

西 你觉得人们是把抽象艺术当成止痛药了，所以才会被它吸引，对吗？是不是在你看来，抽象艺术之所以被人们喜欢，就是因为“有太多的真实是人类所不能承受的”，就像艾略特说的那样？

培 对，我觉得他之所以加入教会也是有这个原因，他需要止痛药。

西 教会的教条能起到止痛药的作用，我还真没听过。耶稣被钉在十字架上在他们看来是对生命的救赎，这简直就是一出悲剧。来自天堂的诱惑与来自地狱的威胁并存。假如神惩罚了基督教那些虔诚的教徒，我觉得他们为了不活在永远的痛苦中，宁可选择放弃永生的灵魂，你同意这个看法吗？

培 我不这样认为。我觉得，他们为了逃避灭亡会去接受痛苦，人都这样。

西 那你愿意这样吗？

培 我愿意，即便是下了地狱，我也有机会逃脱。而且我会随时准备逃跑。

编辑笔记

访谈是通过录音原稿剪接和重新编排汇总完成的。每篇文字都是从整理过两次以上的录音稿得来，其中有是连续几天录制的，也有时间不定的断续录制，只有一篇例外。每篇访问稿都是从不同的录音中节选出来的，且采取的是自由交错的方式，而且在一个句子中也会采用这种方式。录音与访谈的全部篇章没有任何必然联系，每篇访谈客观上都是一次单独的谈话，章节间的停歇也不代表时间的流逝。

访谈一

日期开始于一九六二年

BBC 电台在一九六二年十月录音，经过编撰成为这篇访谈的内容。这个版本的访谈是由收音机录制的，经过隆尼·科恩的制作，标题是“弗朗西斯·培根与大卫·西尔维斯特的对话”，这次录音的首次播放时间是在一九六三年三月二十三日。而出版物版本的名字是《不可能的艺术》，它在一九六三年七月十四日的《星期日彩色时报周刊》上第一次刊登。

访谈二

日期开始于一九六六年

BBC 电台将一九六六年五月历时三天拍摄的影片进行编撰后成为这次访谈的内容。而迈克 · 吉尔编导的《弗朗西斯 · 培根：肖像的片段》则是电视制作的版本，它在一九六六年九月十八日首次放映。出版物版本第一次是在《弗朗西斯 · 培根：最新画作》，伦敦马乐伯美术馆展览目录中（一九七六年三月至四月），名字叫作《大卫 · 西尔维斯特对弗朗西斯 · 培根的访问》。

访谈三

日期从一九七一年到一九七三年

此篇访谈的内容是根据一九七一年十二月、一九七三年七月和同年十月的三次私人访问录音编撰而成。

访谈四

日期开始于一九七四年

此篇访谈的内容是根据一九七四年九月的两次私人访问录音编撰而成。

访谈五

日期开始于一九七五年

此篇访谈的内容是根据一九七五年伦敦周末电视台所录制的录像带，以及一九七五年六月的一次私人访问录音编撰而成的。前者在一九七五年十一月三十日的《水瓶座》中播放，制作人是德里克·贝利。

访谈六与访谈七

日期开始于一九七九年

此两篇访谈的内容是根据一九七九年三月、八月和九月的三次私人访问录音编撰而成的。

访谈八

日期从一九八二年到一九八四年

此篇访谈的内容主要是根据雷康艺术在一九八二年三月所作的录音，这个版本是《艺术家谈话录》卡带中的一篇，由隆尼·科恩在一九八五年制作而成。出版物版本则是《弗朗西斯·培根与大卫·西尔维斯特：未公开的访谈》，刊载于《弗朗西斯·培根：最新画作》，巴黎玛格勒隆画廊的展览目录中（一九八四年一月至二月）。访谈的补充内容首先取自会话中的一些材料（经过培根本人的确认），还有的内容由一九八四年三月的三天录音片段节选而成，这个版本是为了拍摄影片《严酷的现实》，导演是迈克·布拉克伍德，它在一九八四年十一月十六日首播于BBC电视台。有些短章节则是来源于《艺术家的独白：弗朗西斯·培根》，洛杉矶《建筑文摘》刊登。

访谈九

日期从一九八四年到一九八六年

此篇访谈的内容基本上全部根据影片《严酷的现实》中的录音编撰而成，录制于一九八四年三月。其他部分节选自一九八五年至一九八六年间的一些谈话笔记，在《弗朗西斯·培根：八十年代的绘画》，纽约马乐伯画廊的展览目录中刊登（一九八七年五月至七月），名为《大卫·西尔维斯特所作之未公开的访问》。

致谢

对于谢娜·麦凯女士对编辑工作的大力支持表示由衷的感谢。她以敏锐的洞察力解决了最困难的问题。在一些特别的问题上，休·戴维斯、安德鲁·福奇以及克里斯托弗·怀特都提供了宝贵的专业意见。马乐伯美术馆为我们提供了许多照片与数据，而且非常耐心地给予关注。泰晤士与哈德逊出版社的同仁们也批判性且有创意地给予了我们实质性的帮助。

图书在版编目（CIP）数据

培根访谈录 /（英）西尔维斯特（Sylvester,D.）著；陈美锦译．—南京：译林出版社，2016.9

书名原文：Interviews with Francis Bacon

ISBN 978-7-5447-6309-7

Ⅰ．①培… Ⅱ．①西… ②陈… Ⅲ．①培根，F.（1909 ~ 1992）-访问记 Ⅳ．① K835.615.72

中国版本图书馆 CIP 数据核字（2016）第 082435 号

著作权合同登记号　图字：10-2015-050 号

书　　名　培根访谈录
作　　者　〔英国〕大卫·西尔维斯特
译　　者　陈美锦
责任编辑　王振华
特约编辑　刘文硕
出版发行　凤凰出版传媒股份有限公司
　　　　　译林出版社
出版社地址　南京市湖南路1号A楼，邮编：210009
电子信箱　yilin@yilin.com
出版社网址　http://www.yilin.com
印　　刷　北京鑫海达印刷有限公司
开　　本　710×1000毫米　1/16
印　　张　15
字　　数　70千字
版　　次　2016年9月第1版　2016年9月第1次印刷
书　　号　ISBN 978-7-5447-6309-7
定　　价　30.00 元

译林版图书若有印装错误可向承印厂调换